AÚN PUEDES

Los secretos para convertirte en un BlackSeller

Aún puedes

Primera edición | Octubre 2025

Ordinal, S.A. de C.V.
Avenida de la Primavera 1874, Parques Vallarta, Zapopan, Jalisco, C.P. 45222.

www.ordinalbooks.com

contacto@ordinalbooks.com

ISBN: 978-970-96888-1-8

Impreso en México
Printed in Mexico

PRÓLOGO

Juana Inés Dehesa

Tengo que confesarlo, comencé a leer este libro con mucho escepticismo. ¿Qué podía enseñarme un libro sobre ventas, a mí que no soy más que una humilde obrera del subjuntivo y el punto y coma? Los manuales de ventas están muy bien, pensaba yo, para quienes dedican buena parte de sus vidas a intercambiar productos por dinero, a vender tiempos compartidos o a conseguir clientes, pero no es mi caso. Pensaba yo.

Así empecé, pero poco a poco las vocecitas que dentro de mi cabeza decían "¿y esto, qué?" se fueron acallando y fueron dando paso a unos "bueno, puede ser", y a otros "ah, pues igual y sí", y para cuando terminé de seguir a Alex Bobadilla por el recorrido que plantea, ya estaba yo, sin darme cuenta, entablando un diálogo interno con sus propuestas y hasta incorporando algunas a mi quehacer diario.

Porque, si bien no todos somos formalmente vendedores, Alex en este libro no nos propone que lo seamos. Este libro parte de la premisa de que, por naturaleza, todos los seres humanos queremos lograr algo, conquistar una cima, real o metafórica, cambiar en algún sentido nuestras vidas o, de plano, vivir de otra manera. Y para todos nosotros tiene un consejo: nos invita a llevar a cabo un análisis serio, honesto, de quiénes somos, cómo vivimos y a dónde queremos llegar, y a trazar una línea que vaya desde nuestra realidad hasta nuestros sueños, estableciendo objetivos claros y medibles, y cambios concretos que podemos poner en marcha para ayudarnos a lograrlos.

Además, dice muy en serio que no debemos esperar a que las cosas sucedan mágicamente; nadie, dice, palabras más o menos, va a resolver lo que no resolvamos y busquemos nosotros. Y eso me cayó bien, en un momento donde las plataformas digitales parecen decirnos que al mundo entero le llueven los bienes y las oportunidades del cielo, creo que no está de más recordar que lo único que puede controlarse es lo que uno hace con los ojos bien abiertos y todos los días, sin esperar a que aparezca ni el genio de la lámpara ni el hada madrina a colmarnos de riquezas y cumplir nuestros deseos. Lo que vale la pena, dice Alex, y pienso yo también, se consigue trabajando, con metas claras y un esfuerzo cotidiano.

Tan me fue convenciendo, que al final nos sentamos a conversar y nos propusimos mutuamente una colaboración: escribir sobre estos temas con un enfoque femenino, porque bastante nos consta que los mercados y las realidades laborales no son iguales para los hombres que para las mujeres, y creemos que un libro de este tipo con un enfoque de género puede resultar increíblemente útil, y si quieres saber un poco más de este esfuerzo, puedes asomarte a las últimas páginas de este libro, donde incluimos un pequeño adelanto del resultado de nuestras conversaciones.

Al final, pues, Alex, como el BlackSeller que es, me convenció. No de volverme vendedora, sino de que ya lo soy, porque todos los somos. Todos queremos persuadir, convencer, ocupar un espacio en el mundo de la manera más feliz y fructífera posible. Y a eso, también, ayuda este libro. Feliz lectura.

INTRODUCCIÓN

Cuando era niño, a mis amigos les encantaba jugar a que eran superhéroes, doctores, pilotos, y se pasaban horas en esas realidades inventadas. A mí me hubiera gustado jugar con ellos, pero no siempre podía, porque desde muy chico tuve la responsabilidad de atender la papelería que tenía mi familia y, sin darme cuenta, vender se convirtió en mi superpoder.

Mi labor era divertida, pero desafiante, porque había que sumar y multiplicar para cobrar correctamente. Sin embargo, lo que más me gustaba era recordar los nombres de cada cliente, y así, de manera intuitiva, aprendí a establecer relaciones entre ellos y lo que compraban. Para los jóvenes era agradable que los saludara por su nombre, y eso nos obligaba a compartir una sonrisa.

En esa época comenzaron mis sueños de ser doctor, quizás porque era un asiduo visitante de los consultorios —sufría de constantes hemorragias nasales—. Mi admiración aumentaba al ver cómo se desenvolvían y me parecía algo que yo podría hacer. Solía platicar mucho con mi mamá y contarle lo que quería hacer de grande; incluía en mis fantasías la idea de viajar por todo el mundo, influenciado, quizás, por los aviones que cimbraban nuestros vidrios cada cinco minutos y que se preparaban para aterrizar en la Ciudad de México. Me gustaba verlos y contar cuántos pasaban en un tiempo determinado.

Al cabo de los años, no me convertí en doctor, sino en ingeniero; a los veintitrés años terminé la carrera y, por recomendación e incentivo de uno de mis hermanos, inicié la maestría de forma inmediata. Con ello, lograba uno de mis sueños: ser un profesionista.

¿Cómo le damos forma a nuestros sueños y los volvemos realidad?

El que persevera se hace maestro

A la par de estudiar la maestría, empecé a trabajar como ingeniero industrial en una planta de artes gráficas. Ahí me desempeñaba como analista de ingeniería, enfocado en observar y optimizar los tiempos y movimientos de producción. Aunque el rol era técnico, ya desde entonces mi perfil apuntaba hacia algo más: tenía claro que no sólo quería analizar procesos, sino también generar impacto comercial. Desde ese momento, ya se estaba formando en mí el ADN de un BlackSeller, sólo que no lo tenía claro ni consciente. Recuerdo que el director general de la empresa solía platicar conmigo y me decía que yo iba a ser muy buen vendedor; yo me enojaba —sin decírselo— y le recordaba que era ingeniero industrial y que a eso me dedicaría. El destino profesional me condujo a cumplir la profecía de alguien que, sin saberlo aún, terminaría siendo mi maestro.

En ese tiempo, estaba de moda el concepto de "calidad total", pero yo caí entonces en cuenta de algo clave: no basta con tener un gran producto, pues si no sabes cómo ofrecerlo, tu negocio nunca va a crecer. Por eso decidí especializarme en marketing. Para mí, siempre ha sido claro que las ventas son la sangre de cualquier empresa, así que comencé un negocio junto a uno de mis hermanos y fue ahí donde, formalmente, inicié mi camino como vendedor profesional.

En este libro quiero compartir contigo los ocho elementos que fueron fundamentales en mi camino al éxito, aquellos que me ayudaron a romper paradigmas y alcanzar niveles de ventas que nunca imaginé. Estoy convencido de que lo que aquí leerás te abrirá una nueva perspectiva en tu trabajo como vendedor o vendedora y, sin duda, hará que sientas aún más orgullo de lo que haces.

BlackSeller

A lo largo de mi trayectoria, he notado que la mayoría de las personas que trabajamos en ventas llegamos ahí de forma empírica o por casualidad. Rara vez alguien se forma específicamente para esta profesión; tal vez tú estudiaste otra carrera y, por circunstancias de la vida, por tus habilidades o simplemente por tu actitud, terminaste involucrándote en este mundo. También he observado que muchas personas que no logran resultados en otras áreas se frustran y terminan buscando empleo como vendedores o vendedoras. Además, no es raro escuchar a generaciones mayores decir a los jóvenes que, si no les va bien en la escuela, en el trabajo o en la vida, se metan a vender, como si esta fuera una actividad que no exige preparación ni desarrollo profesional.

Una persona puede tener habilidades naturales que le ayuden a obtener buenos resultados en ventas, pero sin una preparación sólida y constante, sin conocer sobre técnicas de cierre, estrategias de venta, retorno de inversión, análisis de costos o punto de equilibrio, entre otros temas, es difícil que realmente sobresalga. Para destacar en este campo tan competitivo, se necesita mucho más que intuición: hace falta una metodología integral que abarque diversas áreas de la vida. Y eso es precisamente lo que encontrarás en este libro.

Pero comencemos por el principio. El concepto de BlackSeller nace inspirado en la forma en que las instituciones bancarias califican el buen manejo crediticio de una persona: según el comportamiento del cliente, asignan distintos colores a sus tarjetas. Así, comienzas con una tarjeta básica, luego avanzas a la dorada, después a la platino y, si tu historial es excelente, te otorgan la tarjeta negra (la black), es decir, la más exclusiva. De forma similar, un BlackSeller es una persona que, gracias a sus méritos y resultados, se distingue dentro del equipo comercial y de su propia empresa. No es un título que se da al azar, sino que se gana con disciplina, preparación, perseverancia y un fuerte deseo de superarse.

Probablemente, llegaste al mundo de las ventas por necesidad, por oportunidad o por intuición, pero sin una formación estructurada que te guiara paso a paso en cómo convertirte en profesional de las ventas, y ahí es donde lo que cuento en este libro puede ayudarte. Con el paso del tiempo, y tras haber liderado equipos comerciales de hasta ochocientos vendedores, comprendí la importancia de diseñar una estructura que facilite el camino a quienes desean dedicarse a esta noble profesión y convertirse en verdaderos BlackSellers: profesionales capaces de alcanzar resultados sobresalientes de forma constante, sin importar la industria en la que se desenvuelvan.

De los capítulos

Este libro está dividido en dos partes, cada una basada en dos grandes pilares: por un lado, la Construcción del Ser, y por el otro, el Hacer que las Cosas Sucedan. Cada pilar se compone de cuatro temas clave. En la primera parte, sostengo que para que una persona pueda construir su ser, debe trabajar en su actitud, en la manera en que visualiza sus metas, en cómo desarrolla una mentalidad competitiva y en su capacidad para pensar de forma exponencial.

La segunda parte, por otro lado, está enfocada en ayudar a la persona a dominar los elementos necesarios para pasar a la acción: incorporar la disciplina como un estilo de vida, implementar pequeños cambios constantes, sistematizar sus procesos y, finalmente, adoptar un enfoque productivo y sostenido.

Al trabajar estos dos grandes bloques, generarás resultados extraordinarios que se traducirán no sólo en logros profesionales, sino en riqueza espiritual, bienestar y una profunda satisfacción personal, porque déjame decirte que un verdadero, una verdadera, BlackSeller se preocupa por muchas otras cosas antes de preocuparse por vender; después de años de experiencia profesional, recorriendo el mundo de las ventas, ocupando puestos directivos y viviendo de cerca el funcionamiento real de las empresas, comprendí que más allá del conocimiento técnico, lo que realmente marca la diferencia es cómo enfrentas cada situación. De esa reflexión nació un concepto propio que llamé "Filosofía 360": una propuesta basada en 18 acciones concretas que te permitirán obtener resultados sobresalientes en cualquier área de tu vida, desde tu salud personal hasta tu desempeño en ventas.

Para darle sentido y cuerpo a esta propuesta, al cierre de cada capítulo encontrarás un Octadecágono, una figura de dieciocho lados que simboliza la metodología que desarrollé para ayudarte a resolver problemas de manera efectiva y, sobre todo, a alcanzar tus objetivos con claridad y enfoque.

Estos principios no solo me han llevado a tener éxito en las ventas, sino también a consolidarme como un empresario comprometido con la mejora continua, de mi entorno cercano, por supuesto, pero también de la sociedad en un sentido más amplio. A lo largo del camino, he tenido la oportunidad de desarrollarme como conferencista, mentor y autor. Como lo verás en estas páginas, hay dos pilares que se repiten constantemente: la voluntad y la constancia. No funcionan por separado; una necesita de la otra para generar verdaderos resultados, y gracias a esa combinación, he tenido la oportunidad de recorrer más de 170 ciudades en el mundo, completar más de veinte diplomados y ser testigo del impacto positivo que miles de hombres y mujeres han logrado al transformar sus vidas. Hoy, el siguiente paso está en tus manos. Es momento de tomar el control y comenzar tu propia transformación. Yo estaré aquí para guiarte en el camino hacia convertirte en BlackSeller.

CAPÍTULO I

ACTITUD

Ante cualquier proceso de la vida, sin lugar a dudas, lo más relevante en una persona es su actitud. Si lo pensamos bien, esto podría explicarnos por qué hay personas que, aunque están bien preparadas, no siempre son seleccionadas para realizar algún proyecto, debido a que no tienen una actitud adecuada. La actitud es la que hace que todo suceda, la que le da movimiento al ser humano.

Si la actitud es mala, el movimiento es malo; si la actitud es baja, el movimiento es bajo; si la actitud es molesta, el movimiento lo será; sin embargo, si la actitud es sobresaliente, el movimiento será igual. Así como se puede evaluar a la gente por varios aspectos, como su formación académica, años de experiencia, estrato social, nivel socioeconómico o nivel cultural, así también se puede evaluar la actitud. La buena actitud implica afrontar con energía, felicidad, entusiasmo, entrega y pasión todo lo que tienes por hacer.

Hay un detalle que no podemos ignorar: muchas personas, al conocerlas, muestran su mejor actitud —cordial, abierta, aparentemente positiva—, pero conforme surgen desacuerdos o roces, van mostrando cambios. Se vuelven defensivas, arrogantes o incluso despectivas. ¿Por qué sucede esto? Porque su actitud no está bien cimentada; no es el reflejo de una verdadera mentalidad positiva, sino una máscara que se desvanece ante la presión o el conflicto.

La actitud es fácil de evaluar; se ve sobre la marcha. ¿Quién define mejor qué actitud tienes como ser humano?, ¿tus amigos o amigas, tu familia, tu entorno?

Puedes darte cuenta del poder de tu actitud en situaciones simples, como cuando organizas una fiesta y asisten muchas personas. Llegan por decisión propia, por atracción de la energía que proyectas: tu sonrisa, tu carisma, tu tranquilidad, tus ganas de compartir, de escuchar y de seguir creciendo. Esa conexión no se da por casualidad, sino porque tu actitud genera confianza y cercanía. Por eso, la actitud es la base sobre la que se construyen las relaciones y el desarrollo personal.

Esto nos hace recordar la fórmula de la actitud que describe Víctor Küppers —reconocido formador y conferencista español, de origen neerlandés— en la que dice que el resultado en la vida es producto de la suma del conocimiento y la experiencia multiplicados por la actitud. Por ejemplo, si una persona tiene 10 en conocimiento, 10 de experiencia y 2 de actitud, el resultado sería 40 [(10conocimiento + 10experiencia) x 2actitud = 40]; en contraparte, alguien que tenga 6 de conocimiento, 6 de experiencia y 10 de actitud tendría un resultado de 120 [(6 conocimiento + 6 experiencia) x 10 actitud =120], por lo que claramente podemos distinguir que la actitud tiene un peso mayor que el conocimiento o la experiencia. Y para convertirte en una persona exitosa, más allá de las ventas o de los negocios, necesitas de ella. Recuerda: todo lo que haces, piensas y dices tiene varias versiones y posibles resultados, y la actitud es la diferencia entre un fruto dulce y jugoso, o uno amargo y poco satisfactorio.

La actitud nos da la energía necesaria para hacer ese segundo esfuerzo: levantarte un día más, seguir trabajando, participar con una sonrisa en tu vida familiar, estudiar o enfrentar cualquier reto. Es la que te impulsa a hablar con un prospecto más, o a mantener la compostura en una recepción donde llevas más de tres horas esperando para presentar tu propuesta de valor. La actitud, en esencia, es la fuerza que te permite superar cualquier adversidad y alcanzar tus metas.

La actitud es eso que te lleva a hacer que las cosas sucedan

Pensemos en una cantante con mala actitud: sube al escenario sin ganas, canta mirando al suelo, con el rostro sin expresión y un tono de voz plano, como si no quisiera estar ahí. Aunque tenga una voz increíble y mucho talento, no logrará conectar con el público y su presentación pasará desapercibida, porque no se trata sólo de tener habilidades, sino de transmitir algo que haga sentir, vibrar, que emocione. Así es la vida: no se puede vivir en automático, sin entusiasmo, sin emoción ni propósito, y al final, es la actitud lo que realmente deja huella.

Al cien

Para tener una gran actitud se necesita vivir con una carga gigantesca de energía. No es una cuestión de dinero, ni de haber nacido en determinada clase social o con un apellido de abolengo; tener buena actitud implica ver siempre el lado bueno de la vida, disfrutar cada instante, que te importe lo que es verdadero, real y trascendente. La actitud te impulsa hacer lo que sea, a prepararte, a superar las dificultades y sobreponerte a cualquier adversidad que te impida lograr tus metas.

> Una actitud positiva puede marcar la diferencia en tus relaciones, en tu trabajo y en cómo te sientes con tu persona. Empieza desde lo más simple: al despertar, al dar los buenos días, al decir "gracias" o al regalar una sonrisa. Esos pequeños gestos reflejan una buena actitud y generan grandes cambios.

Tener una buena actitud es el primer paso para avanzar, superarte y lograr lo que te propones, y lo mejor de todo es que no necesitas haber nacido con ella, pues se puede trabajar, mejorar y convertir en una herramienta poderosa. Puede ser más abierta, más positiva, más constructiva, y eso está en tus manos.

En lo personal, con el tiempo mi actitud ha cambiado. Siempre fui alguien optimista, pero hoy lo soy todavía más. Me he dado cuenta de que una buena actitud se nota, se transmite y hasta se contagia. En un día gris o lluvioso, tu actitud puede ser como ese rayito de sol que se cuela entre las nubes o como una sombrilla improvisada que te cubre del agua —aunque sea un pedazo de cartón—. Lo importante es no detenerte y seguir adelante con lo que tenías en mente, sin dejar que nada te frene.

Un vendedor exitoso es honesto, confía en sí mismo y genera confianza en sus clientes

Sinceridad

Hay quienes fingen tener una actitud positiva, pero esto no funciona, porque se refleja, se nota... Una sonrisa falsa no es más que una mueca, una mentira y aunque sea pequeña convierte a quien la muestra en alguien que miente. No se trata de sonreír sólo porque sí, porque refleja hipocresía, y ¿a quién le gusta cerrar un trato en medio de mentiras?

La actitud es lo que te permite explorar nuevas formas de pensar y profundizar en tus conocimientos y habilidades. Cuando mantienes una buena actitud, en lugar de enfocarte en los errores, identificas áreas de oportunidad, lo que fortalece una mentalidad proactiva, entusiasta, comprometida y con disposición de servir. Ver la vida con una perspectiva positiva define cómo enfrentas cada situación.

La actitud es un estilo de vida que se elige de corazón

¿Cuántas veces vemos en redes sociales frases como "¿Échale ganas", "Sé feliz" o "Tú puedes"? Algunas suenan más trilladas que otras, y aunque parecen motivadoras, muchas veces no tienen fondo. A esto se le conoce como optimismo tóxico: palabras vacías que no transforman nada. La verdadera actitud no se construye con frases bonitas, sino con hábitos sólidos y un compromiso real y personal. No importa cuántos libros de autoayuda leas o cuánto intentes aparentar, si tu actitud no tiene raíces firmes, cualquier dificultad la derrumba. Eso no es optimismo, es autoengaño disfrazado de positividad.

Estilo de vida

Muchos grandes pensadores coinciden en que la verdadera libertad consiste en elevarse por encima de las circunstancias y de las adversidades; tener una actitud positiva es muy similar a esa libertad.

Una actitud positiva es una forma de vida que va más allá y se sostiene a pesar de las dificultades. Una actitud pesimista te llevará a ver las áreas de oportunidad como obstáculos.

¿Cómo reaccionar ante las cosas que se nos atraviesan en la vida? Cuando alguien sufre una pérdida, normalmente hay dos caminos: afrontarla con actitud positiva o dejarse llevar por la negativa. Y esta última, si no se maneja bien, puede afectarte muchísimo y dejarte en la parálisis por mucho tiempo. ¿De qué depende cómo lo enfrentas? De tu actitud. Pero esa actitud no aparece sola: se construye con preparación, tanto emocional como mental, para poder salir adelante pase lo que pase.

El dolor es inevitable, pero el sufrimiento es opcional

Actitud responsable

La actitud define tu manera de actuar ante las dificultades, pero también ante tus éxitos, pues dicen que lo único peor que no saber perder, es no saber ganar.

La actitud es el pensamiento que se transforma en acción

Cuando enfrentas una mala situación, es clave contar con herramientas que te ayuden a mantener una actitud positiva. Por ejemplo, si pierdes tu trabajo, lo primero es entender qué pasó y asumir tu parte en lo ocurrido, ya sea algo que hiciste o algo que dejaste de hacer. Solo así podrás aprender, mejorar y avanzar.

Muchas veces creemos que lo que nos sucede es culpa de factores externos, y pasamos por alto que, en realidad, gran parte —o casi todo— puede ser nuestra responsabilidad. Por indiferencia, descuido o simplemente por tener una mala actitud, terminamos generando consecuencias que luego no queremos asumir.

Culpar al mundo por lo que nos pasa es lo más fácil, pero cuando decides asumir las consecuencias con una actitud positiva y responsable, todo cambia: empiezas a ver oportunidades incluso en tus propios errores. Reconocer que tuviste una mala actitud es el primer paso para cambiarla. Decir con honestidad: "¿Sabes qué? Sí, me equivoqué. Necesito aprender de esto" es una muestra de crecimiento. A eso, justamente, se le llama experiencia.

¿Qué es la actitud positiva?

1. Asumir la responsabilidad.
2. Evaluar lo que aprendiste.
3. Actuar y aplicar ese aprendizaje con la actitud correcta.

El juego de la víctima

Lo más fácil en la vida es asumir el papel de víctima, caer en el drama esperando que alguien venga a rescatarnos, como si eso fuera a hacer que el universo se compadezca y resuelva todo por arte de magia. Pero la realidad es que, muchas veces, lo que nos pasa es consecuencia directa de nuestras propias decisiones, pensamientos y actitudes.

Vivimos en una cultura llena de cuentos donde siempre hay una damisela en apuros y un héroe que al final recibe su recompensa. Pero la vida real no funciona así, y hacerse ilusiones con ese tipo de historias solo nos aleja de la verdad. El mundo no está habitado por príncipes y princesas. Negar la realidad no cambia nada.

Un verdadero héroe, una verdadera heroína, enfrentan la realidad, reconocen sus errores y toman acción para levantarse y seguir adelante. Ser un BlackSeller significa asumir ese rol: dejar de sabotearte, dejar de buscar culpables y convertirte en protagonista de tu propia historia. Tú decides si prefieres el heroísmo y la valentía, o dejarte derrotar.

Así es la vida

En la vida ocurren situaciones o accidentes que están fuera de nuestro control; lo verdaderamente importante frente a la adversidad es mantener una buena actitud y tomar decisiones acertadas.

En lo personal, puedo compartirte una experiencia que marcó mi vida: hace algún tiempo sufrí un accidente muy grave que casi me costó la mano derecha, lo que me llevó a una crisis profunda. Y aunque siempre me he considerado una persona positiva, ese momento puso a prueba todo lo que creía sobre la actitud y la resiliencia.

¿Cómo conservas una actitud positiva ante algo así? ¿Cómo logras que no afecte tu autoestima, tu ego, tu seguridad y tu percepción del mundo? ¿Cómo poner buena cara ante esto?

Con una actitud positiva y una buena disposición frente a la adversidad, es mucho más fácil encontrar soluciones. Si eres capaz de mantener la calma y actuar con claridad incluso en los peores momentos, cualquier reto, por complicado que parezca, se vuelve más manejable y posible de superar.

En una ocasión, en el ámbito laboral, surgió un nuevo competidor para mi empresa… y resultó ser un buen amigo. Pude haberme enganchado en el drama o sentirme traicionado, pero rápidamente entendí que eso no iba a hacer que yo vendiera menos ni que él vendiera más. Pensé: "En este país viven más de 130 millones de personas y en este mercado ya existen al menos cien competidores. Uno más no debe debilitarnos, sino impulsarnos a ser mejores. Hay que demostrar lo que valemos con hechos, con resultados." Además, entendí algo fundamental: cada persona tiene derecho a ganarse la vida con esfuerzo, siempre y cuando lo haga de forma honesta.

En los momentos duros de la vida, nace
la oportunidad de crecer

En lugar de vivir en el agobio por lo que estás viviendo, enfócate en adquirir más conocimientos, desarrollar habilidades y fortalecer tus estrategias. Analiza cada situación con perspectiva y actúa en consecuencia, pero siempre con una buena actitud. Como empresario, emprendedora, vendedor y, sobre todo, como BlackSeller, debes demostrar fortaleza, prepararte continuamente, entrenar mejor a tu equipo, crear estrategias efectivas y avanzar con determinación hacia el cumplimiento de tus metas y objetivos.

No basta

Víctor Küppers, el mismo de la fórmula de la actitud multiplicadora, dice que hay personas que eligen salir al mundo como un foquito de 10 watts y otras que lo hacen como una lámpara de 1500 watts. Y sí, la actitud es un estilo de vida, pero déjame decirte algo: ese brillo, por sí solo, no es suficiente.

Es impresionante todo lo que se vende en este mundo. Desde algo tan simple como un tornillo —que sostiene la repisa en la que un niño acomoda sus juguetes— hasta una supercomputadora o incluso el traspaso millonario de un deportista. Detrás de cada venta, siempre hay alguien que convence, que persuade, que logra que otra persona intercambie su dinero por un producto o servicio. Y todas esas personas persuasivas y exitosas tienen algo en común: una buena actitud.

Y sí, la actitud es el punto de partida hacia el éxito, pero no es todo; hace falta trabajo duro. Es apenas el comienzo del camino y por eso está al inicio de este libro. Seguramente pensarás que quienes escribimos libros como éste la hemos tenido fácil y hablamos desde una posición privilegiada y habrá casos en los que sí, sin embargo, yo te hablo desde la postura de alguien que comenzó desde abajo y que aprendió que nada se consigue sin esfuerzo. Quienes nos dedicamos a vender somos hijos e hijas de las oportunidades, pero para aprovecharlas se necesita visión y actitud para detectarlas, técnicas para trabajarlas y conocimiento para convertirlas en resultados. También se requiere nobleza y corazón para compartir lo aprendido. Para mí, todo eso es lo que define a los BlackSellers.

El fuego BlackSeller que llevamos en la sangre puede apagarse si no lo alimentamos con acción, aprendizaje y estrategia. No importa el puesto que ocupes, el sueldo que ganes o el tipo de trabajo que realices; lo verdaderamente clave es mantener una actitud extraordinaria, dar lo mejor de ti y destacar con seguridad y compromiso en todo lo que haces.

El o la BlackSeller debe dejar atrás sus paradigmas, la idea de que hay clientes pequeños, porque hasta el árbol más robusto nació de una semilla. Si eres BlackSeller, debes transmitir confianza, formalidad, intensidad y buena actitud para que, vendas lo que vendas, siempre te compren.

¿Cómo cambio mi actitud?

La actitud positiva nace del deseo, la voluntad y el disfrute. Cuando no te sientes a gusto en un lugar, si las tareas que tienes por delante te generan rechazo o simplemente no te motivan, es muy complicado lograr un verdadero cambio de actitud.

Por ello, lo primero que tienes que hacer es ser consciente de tu persona y de tus miedos. ¿Qué te produce ansiedad? ¿A qué le temes? ¿Qué te provoca un inmenso deseo de salir huyendo? Déjame contarte que el año pasado tomé la decisión de enfrentar mis miedos, y cuando me pregunté: "¿cuál es mi miedo más fuerte?", no lo dudé: el mar, así que me propuse el reto, muy claro, de aprender a nadar. Para vencer ese temor, tuve que prepararme físicamente, pero lo primero que realmente necesitaba era dejar atrás todos los pretextos: "no hay dónde", "no tengo con quién", "mis horarios no me lo permiten", "es complicado, viajo mucho". Me repetía todas las razones para no hacerlo, en lugar de enfocarme en cómo sí podía lograrlo.

Una vez que vencí el miedo y todas las objeciones que yo mismo me ponía, decidí prepararme con expertos en salud, deporte y motivación. Gracias a ese trabajo, el 23 de septiembre de 2023 nadé cuatro kilómetros en mar abierto. Fue un logro enorme para alguien que, pocos meses antes, se paralizaba ante el "majestuoso tumbo de las olas", como escribió el poeta mexicano Manuel Gutiérrez Nájera.

Otro de mis grandes miedos era hablar en público, exponerme frente a una audiencia. Por ello, un día aproveché la oportunidad de ser la voz de un mariachi profesional, algo que en su momento me sacó completamente de mi zona de confort. Hoy, tengo el privilegio de ser conferencista y de pararme frente a auditorios llenos de personas que asisten únicamente para escucharme. ¿Quién hubiera pensado que, con el tiempo, el micrófono se convertiría en uno de mis mejores aliados? Sin duda, fue mi actitud positiva la que me permitió transformar ese miedo en una fortaleza. Gracias a ella enfrenté mis inseguridades y crecí, por eso creo firmemente que la actitud es una herramienta poderosa, no sólo en el trabajo, sino también en la familia y en cualquier aspecto de la vida.

¿Y por dónde comenzar?

Hay personas que pueden ser muy fuertes, inteligentes o estar muy bien preparadas, pero cuando enfrentan un problema familiar, su actitud se viene abajo y no saben cómo reaccionar. La actitud tiende a cambiar cuando atravesamos momentos complicados, y es clave reconocer si la que estamos adoptando es positiva, indiferente o negativa. Solo así podemos tomar el control y responder de manera consciente ante las circunstancias.

El primer paso para desarrollar una buena actitud es identificar cuál es tu estilo y forma de reaccionar. Esto se puede lograr haciéndote algunas preguntas clave, como: ¿cuál es tu primera reacción ante un problema?, ¿frente a un reto, tiendes a rendirte o te preparas para superarlo?, si te invitan a participar en algo donde no te sientes completamente en tu elemento, ¿aceptas el reto, críticas desde afuera o simplemente te alejas?, y cuando observas a los demás, ¿te identificas más con quien critica, con quien siempre busca mejorar o con quién vive, sin interés ni motivación? Las respuestas te darán pistas claras sobre tu actitud actual y hacia dónde puedes trabajar para mejorarla.

Después de responder estas preguntas, ¿crees que vives en una rutina repetitiva y sin sentido? Si es así, lo importante es saber que sí puedes mejorar tu actitud, porque ésta representa la verdadera motivación interna del ser humano. Nadie más puede motivarte de verdad; otros pueden inspirarte, darte un empujón o servirte de ejemplo, pero la motivación real sólo puede venir de ti. Lo mismo ocurre con la actitud: tú eres quien debe tomar la decisión de cambiarla y dar el paso hacia una mejor versión de ti.

Esto no significa que tengas que ser una persona perfecta; significa que, al final del día, el balance de tu actitud sea positivo. Es normal pasar por momentos de estrés o enojo, pero no se puede vivir explotando todo el tiempo ni permanecer constantemente en la furia. Identifica qué tipo de actitud te define y trabaja en ella, con el objetivo de alcanzar bienestar y equilibrio en todas las áreas de tu vida.

Generando una acción, la actitud se
convierte en algo útil y tangible

Para cambiar tu actitud, también es fundamental trabajar en tu interior: cuidar tu espiritualidad y tu paz mental. Eso puede incluir meditar, rezar si está dentro de tus creencias, leer, acudir al médico con regularidad, y, sobre todo, descansar bien. Porque seamos sinceros: si te mueres de cansancio, ¿cómo vas a tener buen humor? Si te desvelaste viendo redes sociales, ¿cómo esperas rendir o socializar con claridad al día siguiente? Cuando no duermes bien, tu actitud se apaga, tu mirada pierde brillo y entras en un círculo vicioso que afecta todo tu día.

Además, cuidar tu actitud también implica poner atención al contenido que consumes: lo que ves en internet, los podcasts que escuchas, el cine, la televisión, los libros o revistas. Si pasas las madrugadas viendo videos violentos, de miedo o negativos, tu mente se altera, y eso, inevitablemente, impacta tu actitud.

Tener mentalidad de BlackSeller no es sólo cerrar ventas, también es cuidar tu energía, y todo empieza por lo que comes. Si te alimentas constantemente con comida chatarra, tarde o temprano lo vas a sentir. Elige lo natural: verduras, frutas, granos enteros, legumbres, pescado, pollo.; evita los jugos que se venden como "saludables" pero están llenos de azúcar y no aportan realmente bienestar. Hidrátate bien: al menos dos litros de agua al día. Recuerda, comer no es lo mismo que nutrirse, por eso es importante acudir con un nutriólogo y tomar decisiones más conscientes. Tu cuerpo lo va a agradecer.

Y sí, hoy en día parece que hay una moral estricta alrededor de la alimentación, como si no pudiéramos disfrutar de un antojo de vez en cuando. Pero te comparto algo que me dijo mi nutrióloga cuando le pregunté sobre eso…

> **"¿Quieres consentirte? De acuerdo, ni te cobro la consulta porque me estás diciendo una estupidez. Consentirte es darle a tu cuerpo una alimentación que lo nutra, que lo mantenga sano. Consentirte es eso, no un helado o un kilo de carnitas con seis cervezas. No te confundas, eso no es consentirte. Eso es buscar pretextos complacientes para hacerte daño y mentirte a ti mismo."**

Su respuesta fue contundente y me dejó sin palabras. Muchos nutriólogos suelen decirte que puedes darte permisos para consentirte los fines de semana, como si los infartos también tomaran descanso los sábados y domingos. Por eso, además de cuidar lo que comes, no olvides moverte y ejercitarte según tus capacidades y complexión, pues el ejercicio estimula la producción de endorfinas, y eso impacta directamente en tu actitud: te sientes mejor, piensas con más claridad y enfrentas el día con otra energía.

Siempre positivo

Si tienes ganas de tirar la toalla, si sientes que la vida no vale nada o te falta enfoque y motivación, date la oportunidad de cambiar tu actitud. Aprende. Estudiar te dará una estructura de pensamiento diferente y mayores aptitudes. Razona, enfrenta la vida desde una realidad objetiva; disfruta las cosas, aliméntate sanamente y haz ejercicio. Invierte en ti, siempre con una actitud positiva que te permitirá llegar hasta el cielo BlackSeller.

En este libro vamos a realizar varias actividades, pero para que realmente funcionen, necesito que los resuelvas con total honestidad. "La actitud lo es todo en la vida...", solía decir mi mamá cada vez que le compartía algún problema, y con el tiempo entendí cuánta razón tenía. Por eso, te propongo los siguientes ejercicios, diseñados especialmente para ayudarte a mejorar tu actitud desde adentro.

Personales:

- Duerme al menos 7 horas diarias. (Lleva un registro).
- Aliméntate sanamente, ten un plan de nutrición. (Consigna lo que comes).
- Agradece a Dios o al universo que estás aquí y ahora. (Ora, agradece y pide).
- Dedica al menos una hora de ejercicio al día. (Camina, corre o ejercítate de alguna manera).

Familia:

- Da gracias por tenerlos y platica con ellos.
- Realiza alguna actividad diaria en la que participen todos.
- Pregúntales cómo puedes ayudarlos y trata de hacerlo.

Trabajo:

- Establece objetivos y cúmplelos.
- Sé puntual y organizado.
- Aprende una actividad adicional al mes.

Generales:

- Cuida tu imagen personal, busca que sea impecable.
- Sonríe.
- Revisa tu aliento.
- Piensa siempre en un "sí" y nunca en el "no".
- Pregúntate "¿para qué a mí?", y no "¿por qué a mí?".

A título personal: una actitud implacable

Al inicio de mi carrera como ingeniero industrial, me enfocaba en actividades relacionadas con la optimización de procesos y la eficiencia en planta; sin embargo, por mi forma de ser, comencé a relacionarme con el equipo de ventas, y en esas conversaciones surgían quejas de algunos clientes. Yo solía recomendar que las reportaran a la jefatura de planta para que el director del área asignara a alguien de control de calidad, pero con el tiempo, la situación dio un giro: terminé siendo yo quien los acompañaba directamente con los clientes para revisar y atender sus reclamaciones.

Mi experiencia laboral era limitada; apenas llevaba un año trabajando como ingeniero e iniciándome en el entorno profesional, y cualquiera podría haber pensado que, con tan poca práctica, sería difícil que un joven pudiera resolver esas situaciones. Sin embargo, contaba con una gran actitud y actuaba con seguridad, tal vez porque desde muy joven escuché a mis maestros decir que, en esta vida, lo único que no tiene solución es la muerte; todo lo demás, de una forma u otra, se puede resolver, siempre tuve la convicción de que, sin importar la gravedad del problema, habría una solución. Al acompañar al vendedor, nos presentábamos con una actitud segura y cordial, lo que generaba confianza en el cliente y lo motivaba a compartir sus inquietudes y la manera en que utilizaba nuestros productos.

Con frecuencia, descubríamos que la raíz del problema no estaba en el producto, sino en otros factores: a veces, la orden de trabajo había sido mal diseñada por el vendedor, o el cliente no había detallado correctamente sus necesidades. Una vez que aclarábamos la situación, podía pasar que además de resolver la queja, el cliente terminara pidiendo más producto, solicitando otros insumos adicionales e incluso recomendándonos con otras áreas para nuevos pedidos.

A los vendedores les gustaba que los acompañara porque las visitas solían terminar con el problema resuelto y hasta con nuevos pedidos. Las quejas se transformaban en oportunidades de venta y, lo más valioso, fortalecían la relación con los clientes.

Sin embargo, con el aumento de solicitudes y la carga de trabajo consiguiente, me pasó lo que a muchos vendedores y empresarios: el tiempo ya no me alcanzaba para todo.

En este tipo de situaciones, el estrés se vuelve algo habitual, y esa carga no aporta nada bueno ni en lo físico, ni en lo personal, ni en lo profesional. Por eso, mi consejo para los vendedores y las vendedoras es aprender a extender su día. En mi caso, iniciaba jornadas desde las cinco de la mañana y terminaba hasta pasada la medianoche.

Además, a medida que avanzamos en distintas empresas, es clave mantener una visión a futuro y considerar la posibilidad de emprender un NEGOCIO, así, con mayúscula y en negritas. No me refiero únicamente a poner una tiendita o una fonda —que también son opciones valiosas—, sino a crear algo con estructura, visión de crecimiento y verdadero potencial. Y que alguien esté en el rubro de autos, por ejemplo, no significa que deba quedarse ahí; crecer no depende del producto, sino de la mentalidad emprendedora.

Siempre recuerda enfatizar la importancia de cultivar una actitud positiva hacia la vida, lo que te permitirá ver las oportunidades en lugar de los obstáculos, enfocarte en las soluciones en lugar de los problemas, y mantener una mentalidad optimista incluso en situaciones difíciles. No quiero que te confundas y pienses que la actitud tiene que ver con ese optimismo que dicta que "con una buena actitud nunca te va mal, nunca tienes adversidades, nunca tienes problemas, etcétera". No es decir que nunca enfrentamos adversidades, es el saber qué herramientas poseemos que nos llevan hacia una mentalidad proactiva. En este sentido, promueve la práctica de la gratitud como una forma de cultivar una actitud positiva, reconocer y agradecer las cosas buenas que nos suceden, así como las cualidades y acciones positivas de los demás.

Es muy importante tener una mentalidad de crecimiento, estar dispuesto a aprender de los errores y los fracasos y persistir a pesar de las dificultades. Es decir, que con una actitud de superación nos impulsamos a buscar constantemente la mejora y el desarrollo personal.

Promover la práctica de la gratitud y reconocer tanto las cosas buenas que nos suceden como las cualidades y acciones de los demás nos ayuda a cultivar una actitud positiva.

Octadecágono de la Actitud

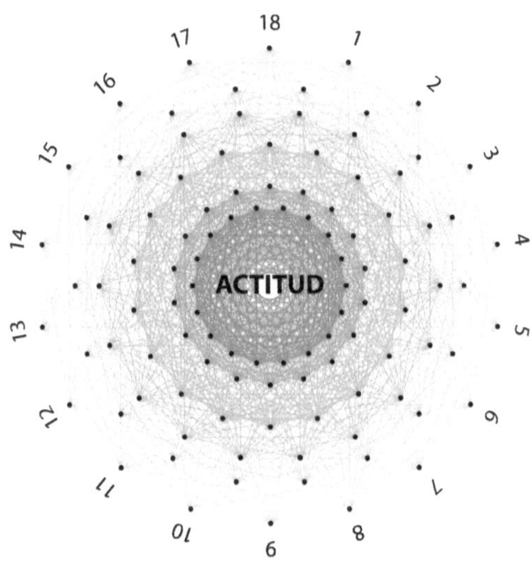

18 Efectos de mantener una buena actitud

1. Abres más oportunidades
2. Aceptas tus errores
3. Agradeces cada momento
4. Conectas con clientes
5. Construyes relaciones sólidas
6. Das siempre más
7. Diferencias tu estilo
8. Elevas tu energía
9. Escuchas con atención
10. Fidelizas con empatía
11. Generas buena impresión
12. Hablas con respeto
13. Inspiras a otros
14. Inspiras más confianza
15. Manejas objeciones mejor
16. Mejoras tu presencia
17. Piensas en positivo
18. Vives con intención

CAPÍTULO II

VISUALIZACIÓN

Las personas que han cambiado el rumbo del mundo primero lo imaginaron. Soñaron con lo imposible, lo visualizaron con claridad y trabajaron hasta convertir la ciencia ficción en realidad: viajes espaciales, Internet, información almacenada en un microchip, millones de datos flotando en la nube... y la lista sigue. Imagina lo que deseas, actúa con determinación y ve tras tus sueños. No temas destacar. Atrévete a decir en voz alta que quieres ser una estrella y comprométete, sobre todo, con tu propia persona.

A lo largo de este capítulo quiero compartir contigo qué tan relevante es que pongas en tu mente todo cuanto desees; en esencia, que puedas visualizar aquello que quieres para ti, para tu familia, para tu trabajo y para tu entorno. Visualizar no es sólo soñar, es entrenar tu mente para avanzar con claridad; conviértelo en un hábito diario, en una forma de pensar que te impulse cada mañana y te mantenga firme cada noche. Cuando haces de la visualización un estilo de vida, tus metas dejan de ser lejanas y empiezan a sentirse posibles.

¿Por qué es tan importante hablar sobre este tema? ¿Por qué cada libro de negocios, ventas, autoayuda y superación incluye un capítulo como este? Cualquiera puede imaginar un futuro; hay quien lo ve optimista y halagador, o quien es pesimista y espera lo peor de la vida. La visualización es quizá uno de los términos en los que es más fácil perderse, pues es muy sencillo soñar y quedarse entre fantasías y deseos, pero lo importante es mirar hacia el punto correcto de ese futuro.

Este capítulo no busca dejar en ti la idea de que con sólo desear una cosa puedes tenerla; ese discurso es muy popular en las redes sociales: mucha gente sostiene que puedes tener todo solamente con pensarlo y eso, afortunadamente, no es así, es decir, no es una cuestión de magia. Sí influye lo que piensas, lo que deseas y la forma en que te apasionas por lograrlo, pero requiere de una metodología, y esta metodología implica esfuerzo, dedicación, preparación y persistencia. La visualización es, primordialmente, entregarle toda tu pasión a cualquier cosa que quieras o desees, para que se dé.

Hace alrededor de veinte años le daba sentido a muchas cosas que hacía de forma intuitiva, pero no razonaba los acontecimientos. Desde muy joven, mi mamá me compartió una de esas verdades que se quedan en el corazón para siempre: que cualquier cosa que realmente deseara y por la que trabajara con dedicación, podía alcanzarla. Me decía que no debía sentirme menos por haber nacido en una colonia de bajos recursos, ni pensar que la falta de dinero era una barrera permanente. Sus enseñanzas me enseñaron a creer en mí, a no aceptar límites impuestos por el entorno, y a entender que mi origen no determinaba mi destino. Para decirlo en la forma de mi mamá: siente orgullo de dónde estás y de lo que tienes, porque después de una buena actitud, lo que se requiere es visualizar lo que se desea y, esencialmente, prepararte y dedicarte para ello, pues la visualización es sólo el punto de partida. Si logras integrar a tu estilo de vida la visualización, lo que conseguirás es que todo lo que hagas, no sólo personalmente, sino en familia, con tus amigos, en el trabajo, en la escuela y en las comunidades donde participas, fluya de esa manera.

El síndrome de Casandra

Según la mitología griega, Casandra —hija de Príamo, rey de Troya— aceptó tener relaciones sexuales con el dios Apolo a cambio del don de la clarividencia; sin embargo, en el último momento se retractó, y como reprimenda, el dios la dejó conservar el regalo ofrecido, pero con la salvedad de que nadie le creería. Así, Casandra vaticinó repetidamente la caída de Troya, pero nadie le creyó, y todos sabemos cómo terminó esa batalla.

¿Por qué es importante esta historia? Porque es muy fácil que, al visualizar el futuro, nos contamos una mentira que sólo nosotros creemos. Soñar no es lo mismo que visualizar; imaginar, tampoco; pensar que sólo con sonrisas y buenas intenciones alcanzaremos el éxito, menos. Cuando hablo de visualizar me refiero a planear, a prever, a capacitarte para el futuro, a invertir en ti, a dirigir de manera correcta cada esfuerzo para que así, esos sueños dibujados en las nubes se conviertan en objetivos realizables.

Al definir tus objetivos, trazas con mayor claridad el camino que debes seguir, y cuando el rumbo está bien definido, la meta se vuelve más alcanzable. El objetivo marca el destino final, mientras que las metas son los indicadores concretos que te permiten medir tu avance hacia él; por ejemplo, si hablamos del peso —que es muy fácil de entender porque todos hemos luchado con este pequeño gran escollo— y estoy en setenta kilos y quiero llegar a sesenta y dos, mi meta primero es llegar a sesenta y ocho, después a sesenta y seis y así sucesivamente hasta alcanzar mi objetivo. Esto habla de algo que podemos lograr materialmente, pero también funciona para objetivos intangibles como el estado de ánimo, la energía que proyectamos, las tareas que alcanzo día por día, etcétera. Para decirlo claramente, puedo establecer metas que me van a llevar a mi objetivo.

Al visualizar, obtienes claridad y, al mismo tiempo, te vuelves más detallista, porque la claridad requiere descripciones minuciosas. ¿Qué voy a hacer para bajar de peso? Quizás ejercitarme, alimentarme sanamente —aprender a comer— y asistir al médico. Visualizar tus objetivos y el camino para lograrlos te ayuda a mantener el enfoque. Muchas personas, por ejemplo, dicen en Navidad: "quiero bajar de peso", y aunque tienen una intención, no definen cuánto quieren bajar ni en qué plazo, por lo que el objetivo se queda en una idea vaga, sin dirección ni compromiso real; en cambio, si estableces un objetivo con claridad, en tiempo, forma y espacio, podrás romper hábitos, costumbres y paradigmas. Cuando logras trabajar del modo en que te lo propongo, es más fácil tener una visualización más amplia de qué cosas puedes realizar, y si realmente visualizas algo que deseas, el universo y tus acciones, trabajando en conjunto, te ayudarán a obtenerlo.

Un BlackSeller siempre está listo para conseguirlo todo

La aventura de Ícaro

Ya que hablamos de los griegos, vale la pena recordar la historia de Ícaro, aquel joven a quien su padre construyó unas alas unidas con cera para que pudiera escapar volando. Ícaro logró elevarse por los cielos, pero en su impulso por volar cada vez más alto, se acercó demasiado al sol. El calor derritió la cera, las alas se deshicieron y terminó cayendo al vacío, estrellándose contra el suelo.

No te conviertas en Ícaro. No imagines las nubes sin las alas bien puestas; soñar con tocar el cielo está muy bien, pero eso no es visualizar. Visualizar es observar todas las posibilidades para no desplomarse a la menor provocación.

Visualiza lo que anhelas, pero no te quedes ahí: trabaja con determinación para hacerlo realidad. Alcanzar tus sueños requiere compromiso, preparación, disciplina y crecimiento constante. Necesitas formarte, mantenerte al día, explorar todas las posibilidades y, sobre todo, conocerte a fondo para saber desde dónde estás construyendo tu camino.

Rhonda Byrne

La Ley de la Atracción afirma que aquello en lo que enfocamos nuestra mente y emociones tiende a manifestarse en nuestra vida. Si visualizamos nuestros deseos con claridad, intensidad y convicción, enviamos una señal al universo que, según esta teoría, comienza a conspirar a nuestro favor. Al imaginar nuestros objetivos como si ya se hubieran cumplido, generamos una energía que atrae experiencias, personas y oportunidades en armonía con ese enfoque.

Según Rhonda Byrne —escritora y conferencista australiana—, al visualizar nuestros objetivos y creer firmemente en su cumplimiento generamos la confianza necesaria para tomar las acciones adecuadas y superar cualquier obstáculo en el camino. La gratitud es una parte muy importante del proceso de visualización.

Visualiza siempre el panorama completo, no sólo aquel punto lejano en el cielo

Años después de haber leído *El Secreto*, de Rhonda Byrne, decidí enfocarme en un objetivo muy claro: quería tener un auto blanco, de lujo. Imprimí una fotografía del modelo que me gustaba y la coloqué en un lugar visible, donde pudiera verla todos los días. Compartí ese deseo con algunas personas cercanas y, cada vez que la miraba, me imaginaba conduciendo ese auto; poco tiempo después, un amigo me llamó para decirme que había comprado un coche, pero que ya no podía seguir pagándolo, y me ofreció traspasarme el crédito, yo busqué la forma de hacerlo posible y, finalmente, ese auto terminó siendo mío. Lo sorprendente es que era exactamente el mismo modelo de la fotografía. Así viví por primera vez, de forma real y tangible, el poder de la visualización.

Una vez que comencé a familiarizarme con este concepto, para reforzarla, estudié programación neurolingüística, y ahí aprendí técnicas de visualización, de anclaje, de mentalización y de reprogramación de los malos hábitos, costumbres y pensamientos para tratar de llevarlos a un proceso de mejora personal. Si repites constantemente "me va a ir mal", probablemente terminarás saboteándote, y así será. Pero si cambias el enfoque y comienzas a decir "me va a ir bien", empiezas a alinear tu mente con acciones que generan resultados. ¿A qué me refiero con que el universo comienza a fluir? A que te levantas con más energía, decides estudiar, tomar un curso, inscribirte en un taller o rodearte de personas exitosas. En otras palabras, comienzas a moverte en la dirección correcta y haces que las cosas sucedan.

La visualización necesita apoyarse en elementos concretos que te ayuden a mantener el enfoque en tu objetivo, como en el ejemplo de la fotografía del automóvil. Además, es fundamental establecer metas claras en torno a eso que deseas lograr; esas metas deben ser medibles, alcanzables, realistas y definidas en tiempo y forma. Una vez que tienes esa estructura, el siguiente paso es trabajar de manera constante en ellas. No se trata sólo de imaginar el objetivo, sino de definir con precisión qué acciones vas a tomar para alcanzarlo; visualizar es el inicio, pero la acción es lo que convierte la intención en realidad. Cuando tienes claridad sobre lo que deseas y usas elementos que refuercen ese objetivo, también estás programando tu mente, tanto a nivel consciente como subconsciente, y empiezas a vivir y a sentir como si ese objetivo ya fuera parte de tu realidad. Esa es una de las claves fundamentales de la Ley de la Atracción: actuar, pensar y vibrar en sintonía con aquello que deseas atraer, así que si buscas bienestar, grandes resultados y abundancia, necesitas alinearte con esa frecuencia desde hoy.

Con el tiempo, esta dinámica de visualizar, plantear objetivos y programar tu mente activará un círculo virtuoso que influirá cómo percibes las cosas y cómo vives cada día. Ya sea en temas de salud, relaciones, armonía o bienestar, todo empieza a alinearse cuando tu mente, tus emociones y tus acciones trabajan en la misma dirección. La visualización es una pieza clave en ese proceso, porque es el punto de partida que conecta lo que imaginas con la vida que realmente puedes construir.

Fronteras

Como ya lo habíamos mencionado, la positividad tóxica nos bombardea todos los días con frases hechas y lugares comunes que pretenden darnos ánimo y decirnos cómo vivir, pero la verdad es que hay que desconfiar de lo que viene fácil. Algunos de esos enunciados intentan impulsarnos diciendo que "no tenemos límites", que "nada nos detiene", que "el mundo está a nuestro alcance", que lo merecemos todo por el simple hecho de respirar. La realidad es que sí tenemos límites, pero esas fronteras pueden romperse con trabajo y preparación, paso a paso. Es un error visualizar sin entender los límites que debemos superar, de la misma forma en que pensar que sólo con decretos e imaginación lograremos, por ejemplo, tener un auto de lujo en un año, es un enfoque incompleto.

La visualización efectiva no se trata solo del "qué", sino del "cómo". Tiene que ver con cómo te percibes, cómo ves a los demás, qué tan lejos crees que puedes llegar y, sobre todo, con la decisión de soltar el miedo. Ahí es donde comienza el verdadero poder de visualizar con propósito. Hay un factor cultural del que poco se habla y que influye profundamente en nuestra forma de visualizar: el miedo a expresar lo que queremos pues, particularmente entre las mujeres, está muy arraigada la creencia de que no debemos decir en voz alta lo que queremos hacer o aquello que soñamos lograr, por temor a que se nos juzgue de arrogantes.

Crecimos con la idea de que está mal decir que hay algo que hacemos muy bien, que no se debe declarar que queremos ser mejores. Esos paradigmas, esos sistemas de creencias, limitan nuestra visión y apagan nuestro potencial; para romperlos, se necesita valentía, creatividad y trabajo profundo en nuestro interior. Por eso, en lugar de preguntarte "¿por qué no?", empieza a preguntarte "¿cómo sí?", y cuando la vida te rete, cambia el "¿por qué a mí?" por un poderoso "¿para qué a mí?". Esas dos preguntas pueden cambiar por completo el rumbo de tu vida.

Si no rompemos los paradigmas que limitan nuestro crecimiento, terminamos heredándolos, y el ciclo se volverá vicioso: repetiremos conductas que nos alejen de la plenitud. Por eso, la visualización es una herramienta clave para superar esas barreras culturales que se han transmitido de generación en generación. ¿Dónde están realmente nuestros límites? En aquello que nos negamos a desarrollar: la falta de preparación y la falta de constancia, pero si analizamos más a fondo, todo comienza con la actitud, pues si no transformo mi actitud frente a mi equipo de trabajo, difícilmente ellos podrán visualizar conmigo el rumbo que quiero para la empresa, y es justamente aquí donde se empieza a entrelazar todo lo que he compartido en estas páginas: cada elemento está conectado y cobra sentido cuando se entiende como parte de un mismo sistema de crecimiento.

Laberinto

Podemos imaginar que la vida, los negocios o el emprendimiento son como un laberinto que queremos resolver. Creer, de forma equivocada, que el simple entusiasmo basta para salir de él es como intentar avanzar a fuerza de golpes contra las paredes. El exceso de optimismo sin dirección puede desorientarnos más que impulsarnos, en cambio, cuando canalizamos nuestra energía con enfoque y estrategia, podemos planear cada giro, resolver cada obstáculo y avanzar con inteligencia. Visualizar la forma de llegar es más útil que obsesionarse con la meta, porque soñar mucho con el final no te hará llegar más rápido; lo que realmente te ayuda es cómo decides recorrer el camino. "Echarle ganas" por sí solo no es una estrategia efectiva.

La visualización, además, tiene un papel clave en los negocios. ¿Cuál es la diferencia? Que, en lugar de enfocarnos solo en metas personales, ahora visualizamos el rumbo de toda una empresa. La pregunta ya no es solo "¿qué quiero yo?", sino "¿a dónde quiero llevar a mi equipo y a mi organización?". ¿Cómo aplicar lo que practico a nivel individual dentro de mi empresa? De forma simple: reuniendo a todos, compartiendo la visión, y dejando claro hacia dónde vamos y qué futuro estoy visualizando para todos los que formamos parte del proyecto. Por ejemplo, yo veo a una empresa líder en neurología, con un impacto positivo en la sociedad y que facilite diversos tratamientos que inciden en la salud comunitaria. Al transmitir esa idea, todos los involucrados empezarán a compartir esa visión, y toda la empresa caminará en la misma dirección; desde luego, para lograrlo se necesitan políticas, normas, productos, dinero, etcétera, pero, como decía filósofo Lucio Anneo Séneca: "no hay viento favorable para el que no sabe a dónde va". Hay que tener claro a dónde queremos llegar para establecer la ruta y navegar hacia allá.

Aprende a compartir tu visualización con tu equipo de trabajo: describe de forma detallada cómo ves el éxito, impulsa que dentro de las reuniones todos repitan esos deseos y exhórtalos a proponer temas disruptivos, creativos e innovadores.

Cuando enfocamos nuestra visualización en el cómo y no sólo en el qué, es posible romper límites de forma consciente, controlada y realista. Para lograrlo, se necesita más que deseo: hace falta actitud, disciplina y un plan concreto. El futuro puede ser incierto y lleno de matices, pero no debemos permitir que esa incertidumbre nos desoriente, pues tener claridad en el camino es lo que nos permite avanzar con firmeza, incluso en medio de la complejidad.

Metas conscientes

Para visualizar, es indispensable tener una meta clara, saber a dónde queremos llegar. Eso es irrebatible, cualquier coach y cualquier libro pueden señalártelo; sin embargo, yo iré un poco más allá: no sólo te diré que necesitas objetivos claros, sino que es esencial tener objetivos conscientes. Esto requiere que tus objetivos sean posibles en una realidad objetiva. Por supuesto que eres capaz de lograr lo que te propongas, claro que mereces el cielo, pero piensa y visualiza cada paso en el camino. Para tocar el cielo, primero necesitas una escalera, luego un elevador, después un helicóptero, una nave espacial, etcétera, y debes ser consciente de ello, porque puedes tener una meta muy clara y aun así correr el riesgo de querer alcanzarla con muy poco esfuerzo, como si bastara con subirse a un ladrillo para tocar la cima.

Desde la filosofía BlackSeller, también te digo que es fundamental entender que no basta con tener metas claras; necesitas salud física y mental, equilibrio emocional, conocimiento y un carácter férreo. Esa es la diferencia entre simplemente saber a dónde quieres llegar y tener metas verdaderamente conscientes: no se trata sólo del destino, sino de tener claridad sobre cómo vas a llegar hasta ahí.

Visualizar con sentido también implica prepararse para aprovechar las oportunidades cuando se presenten. Eso te permite actuar con espontaneidad, pero desde la conciencia, no desde la improvisación., pues cuando tienes claridad sobre el camino, sabrás contar con las herramientas necesarias para responder con inteligencia a lo inesperado, en lugar de simplemente reaccionar sin dirección. Para explicar de una manera más sencilla este concepto de visualización, te propongo que lo dividas en tres partes, para así implementar este concepto en tu vida diaria.

Primero, debes visualizar tu crecimiento: piensa cómo quieres verte de aquí a treinta años y, con base en ello, establece objetivos que te lleven a lograrlo; por ejemplo, si te ves saludable, con una familia estable, con recursos abundantes y buen humor, deberás establecer objetivos que te lleven a mantener una buena salud, a tener una buena relación familiar, a generar un patrimonio y a vivir de forma plena.

Por otro lado, debes visualizarte en el ámbito social, piensa cómo te gustaría que la gente te percibiera; si tu respuesta es "con éxito, buena autoestima y confiable", entonces trabaja en esos aspectos, y nuevamente establece objetivos que te lleven a alcanzar dicho deseo; por último, debes hacer lo mismo al visualizarte en el mundo laboral o de los negocios.

Una vez que te visualizas de una determinada forma, empiezas a tener claridad sobre lo que deseas lograr, y eso, inevitablemente, te comprometerá con tu persona y con tu entorno. Esa visión te impulsará a tomar acción y a hacer lo necesario para convertirla en realidad. Claro, siempre existirá la posibilidad de no alcanzar la meta en el primer intento, pero si eres persistente y mantienes tu atención en lo que quieres, tarde o temprano terminarás alcanzando tus objetivos.

Del mismo modo, recuerda que toda visualización debe estar alineada con tus valores, porque es ahí donde se activa un círculo virtuoso que impulsa tu motivación, fortalece tu perseverancia y potencia tu actitud. Nadie nace sabiendo cómo cerrar una venta; eso se aprende. Por eso, un vendedor o una vendedora se forma, y lo hace adoptando la visualización como un estilo de vida: elige un objetivo, lo visualiza con detalle y lo siente tan real que empieza a vibrar con él. Esa conexión emocional es lo que marca la diferencia.

En el capítulo anterior te conté que, cuando entré a trabajar en mi primera empresa, obtuve muy buenos resultados. Eso me llevó a pasar al área de ventas, ya que tenía facilidad para persuadir a los clientes y aumentar el uso de nuestros productos. Lo que aún no te había contado es que, una vez que logré visualizarme triunfando en este mundo, nació lo que hoy es BlackSeller: un proyecto enfocado en crear una escuela de ventas que contribuya a profesionalizar a millones de personas.

Antes y después

Este ejercicio consiste en imaginarte con un objetivo profesional: obtener un ascenso, cerrar un trato, terminar un proyecto, etcétera. Imagina con detalle cómo sería ese momento, qué harías, qué dirías, qué sentirías. Imagina que te felicitan, que te aplauden, que te abrazan. Siente la emoción y la satisfacción de haber cumplido tu meta.

En la visualización de tu negocio o empresa, una tabla puede ser una herramienta muy útil para comparar datos entre distintas categorías, como ventas, ingresos o gastos. Por ejemplo, puedes crear una tabla que muestre el comportamiento mensual de las ventas por producto, lo que te permitirá identificar cuál es el más vendido, cuál tiene menor rotación o cuál presenta mayores variaciones a lo largo del tiempo. Esta información es clave para tomar decisiones estratégicas con mayor precisión.

Ventas mensuales	**Movimiento de productos**	**Variaciones**	**Gastos**	**Ingresos**
	Alto Lento			

Ahora imagina que agradeces a la vida por tu familia, tus amigos, tu salud, tu trabajo, etcétera. Siente cómo el amor y la alegría te llenan el corazón.

Agradezco por:	**Qué le digo a:**	**Cosas que aprecio:**	**Cómo me siento:**
Familia		Salud	
Amigos		Trabajo	

Si el dinero es lo que te da sensación de seguridad, quizá sea momento de explorar tus inseguridades desde un lugar más profundo. Puede que, al tener la mirada fija en una meta aparente como lo económico, hayas perdido de vista otras necesidades esenciales, como las carencias emocionales de tus hijos, que nada tienen que ver con lo financiero. Estos ejercicios te ayudarán a entender mejor tu realidad actual y te permitirán visualizarte con mayor claridad en los escenarios que deseas construir hacia el futuro.

Oportunidades

Puede pasar que, por tener los ojos puestos en una meta, nos perdamos de lo que sucede alrededor, pero si estamos en un constante estado de alerta, podremos ser conscientes del entorno. Con esto, quiero decir que la visualización debe ser periférica. ¿Has visto a los caballos a los que se les cubre parcialmente la visión? Eso se hace para que no presten atención al camino, pero tú no eres un caballo, eres BlackSeller, capaz de dominar el horizonte sin distraerte.

Lo que quiero que comprendas es que tener la mirada puesta en una meta específica no significa cerrar los ojos a las oportunidades que puedan surgir en el camino, como vimos en la historia anterior. Por eso es importante tener metas conscientes, sí, pero también lo suficientemente flexibles como para permitirte detenerte a oler las flores sin perder de vista el camino amarillo que te llevará a tu propia Ciudad Esmeralda.

A título personal: por una canción

En 1993 tomé la decisión de casarme y, al mismo tiempo, concluí mi participación en el negocio de herrería que tenía con mi hermano. Gracias a las relaciones que había construido con altos directivos del sector de manejo de materiales, mi amigo Marco me invitó a unirme como gerente de ventas a una empresa líder en la fabricación de ruedas y rodajas.

> La visión del hombre o mujer de negocios
> debe ser amplia y creativa para poder apreciar
> una oportunidad cuando se presenta

Un 15 de septiembre de 1992, interpreté algunas canciones rancheras en una fiesta, y al finalizar, se me acercó un hombre curioso por saber a qué me dedicaba. Le hablé sobre mi trabajo como gerente, y para mi sorpresa, resultó ser un alto directivo del área financiera de una universidad de gran prestigio. Durante la conversación, me propuso integrarme como docente en la recién inaugurada carrera de Ingeniería Industrial.

Me entrevisté con el director de área, quien me ofreció impartir cuatro materias. "Dos materias", respondí de inmediato, consciente de mis tiempos y compromisos, y al final, llegamos a un acuerdo y quedamos en tres. Así fue como comencé a dar clases en la universidad, dentro de la maestría en Calidad y Productividad; impartía asignaturas relacionadas con Ingeniería Industrial a empleados de alto nivel en las plantas de Pemex, lo cual, al principio, resultaba un tanto intimidante. Sin embargo, aprendí ciertos trucos, por ejemplo, cuando alguno de esos verdaderos "leones" lanzaba una pregunta compleja, solía responder con calma: "justo eso lo vamos a resolver al final del curso; no te me aceleres, tranquilo". Esa estrategia me daba el tiempo necesario para preparar una respuesta sólida y bien fundamentada.

El director, además de su labor académica, también era gerente de producción en el área de ventiladores de una empresa líder, y estaba a cargo del ensamblaje de los equipos y de la fabricación de las guardas: esas rejas metálicas que evitan que metamos la mano y suframos un accidente. Como es costumbre en mí, con mi carácter impetuoso, le pedí que me invitara a conocer la planta, ya que enfrentaban un problema: un cuello de botella en la producción, debido a que no contaban con un proveedor que cumpliera con los requerimientos. En ese momento se me encendió el foco. Pensé: acero… el mismo material con el que fabricamos las rodajas en la empresa donde trabajaba. Las guardas de ventiladores y las rodajas pertenecen a la misma industria: la metalmecánica. Ahí vi una oportunidad clara de conexión y solución.

Ésa es la visión de negocios: no ver restricciones,
sino oportunidades; no ver sólo un árbol,
sino mirar el bosque completo

Si me hubiera limitado a ver la empresa donde trabajaba como una fábrica de rodajas, nunca se me habría ocurrido que también podíamos fabricar guardas para ventiladores. Por eso, invité a mis jefes a ampliar la mirada y entender que, al final, todo era metal, que también se soldaba y pasaba por un proceso de formado. Era cuestión de reconocer que teníamos la capacidad y el conocimiento para hacer mucho más de lo que estábamos acostumbrados.

Algunos colegas del sector metalmecánico de rodajas me acompañaron a analizar el proyecto, y juntos presentamos una propuesta formal. Tiempo después, en 1994, decidieron montar una planta dedicada a fabricar guardas para ventiladores, y lo más interesante es que no sólo producían para la empresa con la que inició todo, sino también para una de las compañías más importantes en la fabricación de ventiladores.

Con el paso de los años, la industria de los ventiladores evolucionó, y la tecnología introdujo nuevos métodos y diseños; la popularidad de los modelos en forma de columna, que distribuyen aire frío con estructuras de plástico, marcó el fin de la relación entre las guardas metálicas y las rodajas. Aquel cambio dejó un halo de nostalgia entre quienes fuimos testigos de esa etapa, del mismo modo en que una vieja canción puede arrancarnos un suspiro al traer de vuelta los recuerdos.

A primera vista, puede parecer que hay un gran abismo entre un salón de clases y la industria de guardas para ventiladores, pero no es tanta la distancia cuando se tiene una visión de negocios activa y despierta. Así, quien trabaja en ventas debe estar siempre pendiente de su entorno para identificar dónde están las oportunidades, pues más allá de únicamente cerrar ventas, puede establecer verdaderas alianzas estratégicas con una empresa o incluso dar los primeros pasos hacia su propio crecimiento individual.

Los vendedores y las vendedoras son los ojos de su empresa, por eso debes confiar en su visión

Como ingeniero industrial, aprendí a optimizar procesos y, hasta el día de hoy, aplico esa misma lógica a las ventas. En una ocasión, incluso me tocó desmantelar una planta completa para lograr que todo funcionara con mayor eficiencia. Lo mismo ocurre en los negocios: a veces hay que desmontar estructuras para que las cosas realmente fluyan. Pero ésa, sin duda, es una historia que te contaré en el próximo capítulo.

Octadecágono de la Visualización

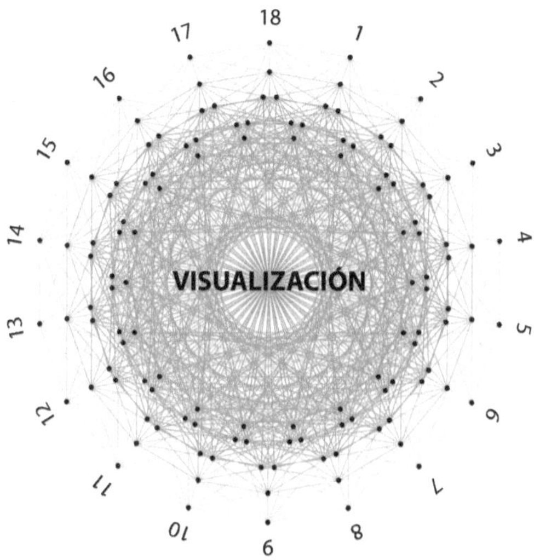

18 Efectos de la visualización

1. Ejecutas con precisión
2. Actúas como ganador
3. Alineas tus emociones
4. Clarificas tus metas
5. Confías en ti
6. Declaras tus sueños
7. Diriges tu energía
8. Te enfocas en logros
9. Mantienes alta motivación
10. Mentalizas la victoria
11. Observas el futuro
12. Planificas mejor cierres
13. Proyectas tu éxito
14. Proyectas tus resultados
15. Reduces el miedo
16. Trabajas con propósito
17. Visualizas con detalle
18. Visualizas cada etapa

CAPÍTULO III

MENTALIDAD COMPETITIVA

Ya sea que busques alcanzar un objetivo personal o que tu equipo persiga una meta común, es fundamental mantener una mentalidad competitiva para lograrlo. Esta mentalidad es el motor que impulsa el esfuerzo extra, ese enfoque constante y compromiso firme con lo que se quiere alcanzar, y quienes la desarrollan entienden perfectamente el valor de la preparación y la práctica, y por eso no las dejan de lado en ningún momento. Son conscientes de que el éxito no llega por casualidad, sino como resultado de una disciplina sostenida.

El punto de partida para tener éxito en cualquier ámbito es tener una certeza verdadera de que vas a alcanzarlo. A lo largo de los años, al interactuar con personas destacadas en distintos campos, les he preguntado cuál consideran que ha sido la clave de su éxito, y la mayoría coincide en lo mismo: creer profundamente en lo que hacen y en lo que buscan alcanzar. Esa convicción, casi inquebrantable, es sin duda uno de los pilares fundamentales de la mentalidad competitiva.

Esto no se trata de intuición o simple deseo, sino de preparación y enfoque. La mentalidad competitiva es un estilo de vida que se construye por medio de la perseverancia, la formación constante y la acción decidida. Es semejante a participar en una competencia deportiva: todos entienden que para alcanzar un nivel alto se necesita entrenamiento regular y una guía clara, y de la misma manera, para desarrollar una verdadera mentalidad competitiva, es fundamental practicar de forma consciente elementos como la intención, el enfoque, la ambición y la confianza; sólo así se fortalece ese estilo de vida que te impulsa a ser realmente competente.

Cruzando la montaña

En una ocasión, diseñé una conferencia en la que resumía la mentalidad competitiva como un proceso evolutivo que se aprende y se desarrolla con el tiempo. Para ilustrarlo, propuse imaginar a una persona que, por decisión propia, se expone al riesgo de cruzar de una montaña a otra sobre una cuerda, no por necesidad, sino por el simple hecho de plantearse un desafío y, a través de ello, crecer. Ese impulso voluntario por ir más allá es una muestra clara de cómo se construye esta mentalidad.

La mentalidad competitiva está en constante evolución y se caracteriza por buscar y enfrentar sin descanso las áreas de oportunidad, así como por trabajar activamente en superar defectos de carácter, actitud, pensamiento e incluso del plano espiritual. Es una forma de pensar que, cuando asume un compromiso, no se rinde, y que, aun sintiendo miedo, encuentra la manera de prepararse y salir adelante. Además, disfruta el desafío que implica enfrentarse a nuevos retos, y puede decirse incluso que es inquebrantable porque siempre está en la búsqueda de soluciones, pero al mismo tiempo es lo suficientemente humilde para reconocer errores y fallas, con el objetivo de corregirlas, aprender de ellas y seguir creciendo.

No importa qué es lo que tengas que vender; lo verdaderamente relevante son las actitudes con las que enfrentas los desafíos que se te presentan. ¿Qué hace que sólo el dos o tres por ciento de la población logre consistentemente lo que se propone y llegue a la cima de la pirámide? La respuesta, aunque parezca simple, es poderosa: esas personas han desarrollado la capacidad de ver lo que otros no ven, de ir más allá de lo evidente, de mirar por debajo de la superficie y entender que la verdadera oportunidad rara vez está a la vista de cualquiera. Estas personas primero observan y descubren, después generan conexiones entre su realidad y sus circunstancias, y a partir de esas conexiones crean conocimiento que impulsa su crecimiento.

Esa capacidad de transformar experiencias en aprendizaje les permite también improvisar con inteligencia ante los desafíos que se les presentan. ¿Cómo logran ver más allá de lo evidente? Porque han entrenado su mente para identificar patrones, oportunidades y posibilidades donde otros sólo ven rutina o limitaciones; han aprendido que, cuando un cliente busca un taladro, no está comprando sólo una herramienta, sino un medio para alcanzar algo más profundo: colgar un cuadro, embellecer su hogar, crear un espacio acogedor o simplemente compartir un momento agradable con su familia. Lo mismo ocurre si lo que busca es un automóvil; si revolucionamos nuestra forma de pensar, podemos venderle al cliente mucho más que un vehículo: podemos ofrecerle comodidad, satisfacción o incluso una herramienta para generar ingresos. Porque cada persona puede tener una motivación distinta: pasear, trabajar, proyectar estatus o disfrutar con los suyos, la clave está en entender qué hay detrás de lo que aparenta ser sólo una compra.

La mentalidad competitiva es uno de los mayores dones, porque a través de ella desarrollas la capacidad de captar la atención, generar interés, provocar deseo y mover a quienes te rodean a la acción. No eres el tipo de persona que espera a que las cosas pasen; tomas la iniciativa y haces que sucedan.

Es mejor dar que recibir

En una etapa de mi carrera estuve a cargo de un área de ventas, pero como mi formación y verdadera pasión es la ingeniería industrial, solía llegar temprano cada día para observar el montaje, las líneas de producción y el resultado final. Tras varias semanas de analizar el funcionamiento de la planta, y apoyado por los conocimientos adquiridos en mi formación, me atreví a proponer una redistribución completa de las máquinas en una de las plantas. Durante quince días desmontamos todo y reconfiguramos el espacio con un nuevo layout. El resultado fue sorprendente: la planta casi duplicó su producción. Al optimizar la secuencia de la línea, logramos que los productos recorrieran menos distancia, lo que permitió fabricar más piezas por día. Aquel proyecto no formaba parte de mis responsabilidades, pero fue una oportunidad clara para aportar valor, aprender y crecer.

Hoy, ese director general con quien trabajé hace tres décadas es mi socio en la empresa que fundamos juntos, una compañía que lleva ya diecisiete años en operación. Lo que comenzó como una relación profesional se transformó en una amistad y una sociedad construida sobre confianza y visión compartida. En aquel momento, cuando propuse la redistribución de la planta, nunca pregunté "¿cuánto me vas a pagar por hacerlo?" o "¿qué puesto me vas a dar si lo logro?". No lo hice esperando algo a cambio, lo hice porque vi una oportunidad de aportar, y ésa es la esencia de la mentalidad competitiva: dar sin condiciones, contribuir con convicción, sabiendo que los resultados —y los beneficios— llegan como consecuencia natural. Quien desarrolla esta mentalidad no solo crece profesionalmente, también se convierte en una persona que colabora, inspira, enseña y construye en conjunto con otros. Y eso, a largo plazo, siempre abre puertas.

En la mentalidad competitiva, como en la vida,
la reciprocidad es la base de todo

Un BlackSeller, o una BlackSeller, siempre está alerta, porque está consciente

La mentalidad competitiva se nutre desde el interior. Para desarrollarla plenamente, necesitas estar bien contigo y trabajar en aspectos clave como la alimentación, el ejercicio, el descanso, las relaciones personales y tu equilibrio emocional. Todo eso se refleja en tu forma de pensar, en tu actitud, en tu presencia, en tu imagen, e incluso en el brillo de tus ojos, porque todo lo que eres, lo transmites. Así como el dinero y la felicidad no se pueden ocultar, una verdadera mentalidad competitiva tampoco pasa desapercibida, y esta es una de sus claves más poderosas: cuando un vendedor o una vendedora tiene enfoque y preparación, puede improvisar si es necesario, pero jamás será un improvisado o una improvisada. Esa es la diferencia entre actuar por impulso y actuar con propósito.

Constantemente estamos expuestos a sorpresas, ya sea con clientes, amigos o familiares, y esas situaciones, muchas veces inesperadas, nos obligan a tomar decisiones y asumir riesgos. Para enfrentarlas con éxito es fundamental especializarse en lo que se hace, porque los verdaderos resultados no llegan por casualidad, sino por preparación, práctica, disciplina y entrega. Pero, por encima de todo, lo que marca la diferencia es tener una forma de pensar inquebrantable, capaz de sostenerte incluso en los momentos más desafiantes.

¿De qué sirve golpear con fuerza si el hacha no tiene filo? Lo mismo ocurre cuando sales a trabajar todos los días sin entrenarte, sin aprender técnicas de negociación de persuasión, comunicación verbal y no verbal, entre muchas otras habilidades. Una persona de ventas obtendrá mejores resultados si domina el arte de contar historias, y si encima elige esas historias con estrategia, inteligencia y audacia, tendrá la capacidad de persuadir y convencer a cualquiera. Eso no es casualidad, es parte del proceso que define a una verdadera mentalidad competitiva.

Una de las recomendaciones más valiosas que puedo darte para convertirte en el BlackSeller que aspiras a ser es que hagas tu propia línea de vida, desde tu primer recuerdo hasta el momento presente. Escribe todo: tu vida familiar, tus etapas escolares, viajes, experiencias de ventas, niveles de facturación, relaciones, aprendizajes, deportes... todo lo que venga a tu mente. Este ejercicio te ayudará a tomar conciencia de tu camino y evolución, por supuesto, pero sobre todo te permitirá descubrir historias personales con las que, más adelante, podrás conectar y convencer a tus clientes de forma auténtica y poderosa. Porque tu historia es una de tus herramientas más valiosas.

Por ejemplo, si he podido visitar más de ciento setenta ciudades alrededor del mundo, eso significa que tengo al menos ciento setenta historias que contar. Lo mismo ocurre con los treinta y cinco países que he visitado, o incluso con la Ciudad de México, que ha sido el lugar que ha cobijado mi sueño. Tener presente el camino recorrido nos da confianza, nos recuerda que sabemos mucho, pero no todo, y que cada día es una oportunidad para aprender más. Y en ese camino, nunca debes olvidar lo que escribió el poeta nicaragüense Rubén Darío: "ser sincero es ser potente"; la credibilidad y la honestidad no se negocian. La mentalidad competitiva, bien entendida, lleva a las personas a vivir en un estado de mayor armonía y felicidad, porque implica trabajar de forma constante en todas las áreas de la vida, y tarde o temprano, comprendes que sostener esa mentalidad no se trata solo de ambición, sino de equilibrio vital.

El tiempo es uno de los recursos más escasos cuando estás inserto de un proceso competitivo

La motivación está dentro de ti

La mentalidad competitiva entiende que no se puede postergar nada de lo que ya se ha decidido. Una vez que eliges un objetivo, no puedes darte el lujo de desistir; debes sostenerlo con perseverancia, de tal forma que el objetivo se convierta en un estilo de vida, donde aprendas constantemente que los obstáculos no son excepciones, sino parte natural del camino hacia el éxito. Y, sobre todo, comprendas que todo gran propósito trae consigo desafíos que hay que enfrentar con determinación.

Hoy sabemos que siempre habrá excusas para no hacer las cosas, pero lo cierto es que ninguna persona que haya alcanzado sus metas lo hizo refugiándose en pretextos; la tenacidad y la persistencia son elementos fundamentales del éxito. Además de estas dos, otra de las claves de la mentalidad competitiva es la autogestión: ser consciente de que se necesita motivación interna y tener la capacidad de levantarse cada día con entusiasmo y pasión por lo que se hace. La mentalidad competitiva no espera instrucciones, reconocimiento ni validación externa; se enfoca en el resultado y encuentra su propia fuente de impulso.

Las personas que tenemos mentalidad competitiva vivimos en el reto permanente. Nada nos detiene

He aprendido que la mentalidad competitiva es más que un deseo o una aspiración; es un estilo de vida. Va de la mano con la preparación constante, el establecimiento de metas claras, la construcción de relaciones valiosas y la persistencia frente a cualquier desafío. Implica tener un propósito firme, no rendirse ante las dificultades y, al mismo tiempo, saber ceder, compartir y reconocer que siempre hay espacio para crecer, porque quien adopta esta mentalidad entiende que cada día es una nueva oportunidad para ser mejor.

Entrena tu mente para ver oportunidades, no obstáculos. Es clave liberarte de pensamientos negativos. Una mentalidad competitiva marca la diferencia en los estudios, el trabajo y en la vida.

Tres consejos prácticos que te ayudarán a tener la mentalidad de un atleta profesional, publicados por el portal *pickthebrain.com*:

1. **Desafía los límites de lo "normal".** Redefinir lo que entiendes por "normal" puede liberarte de los límites que tú mismo te has impuesto. Una forma efectiva de hacerlo es transformar radicalmente tus hábitos durante un tiempo.
2. **Entrena tu mente para ver las posibilidades y no las limitaciones.** En lugar de decir "esto es muy difícil", di: "tengo lo necesario para superar esta situación". En vez de enfocarte en la falta de tiempo, piensa cómo hacer que tus próximos pasos te acerquen al éxito. Permite que lo positivo en tu vida defina quién eres.
3. **Soluciona las dudas y el desaliento tomando acción.** Actuar te llena de energía, alimenta la esperanza y activa pensamientos positivos.

Una piedra en el camino

El o la BlackSeller se forma a partir de sus ventas o logros, pero también de los obstáculos que ha enfrentado en el camino. En una de mis etapas como vendedor profesional, fui parte de una misión de negocios enfocada en desarrollar el mercado de levadura en varios países de Sudamérica, como Chile, Brasil,

Colombia, Argentina y Venezuela, así como en Guatemala, Costa Rica y Panamá. Entre todos ellos, Chile destacaba por su alto consumo per cápita de pan, lo que obviamente implicaba una gran demanda de levadura. En particular, la zona norte, Antofagasta, resultaba especialmente atractiva por concentrar algunos de los molinos más importantes del país, lo que elevaba la producción de harina y, con ello, el consumo de pan. Así, llegamos a esta región con una propuesta sólida: una tecnología avanzada para producir levadura de forma altamente competitiva; nuestras cepas estaban desarrolladas con innovación de punta y, además, ofrecíamos un empaque moderno y una presentación atractiva para el mercado internacional. Todo esto nos dio una ventaja real frente a la competencia.

Durante el proceso de prospección y desarrollo de negocios, sabía —gracias a años de experiencia— que una parte fundamental del éxito radica en construir buenas relaciones personales con los clientes potenciales, y eso me motivó a desarrollar una relación cercana, de amistad y confianza, con uno de los directores de los molinos, quien me abrió las puertas a varios centros y grupos panificadores. Comenzamos a colaborar con ellos, pero en uno de esos grupos nos enfrentamos a un problema: nuestra levadura no funcionaba. Hacíamos pruebas y el pan simplemente fallaba; como solemos decir, no esponjaba. Enviamos técnicos desde México, vinieron directivos de distintos niveles, se consultó con el equipo de desarrollo de levadura en nuestro país... pero nadie encontraba la causa del problema. Hasta que, finalmente, dimos con la respuesta.

Los encargados del centro panificador, empleados chilenos, colocaban las bandejas con el pan ya preparado como si estuvieran en una línea de producción. Sin embargo, de forma "sutil", dejaban nuestras piezas expuestas al aire unos minutos más, lo cual afectaba directamente el desempeño de la levadura, ya que el contacto prolongado con el ambiente retrasa su efecto y por ello, al momento de hornear, el pan no esponjaba. Una vez que identificamos este detalle, decidimos modificar el proceso y asegurarnos de que nuestra masa no pasara por esa "línea" y, como magia, la levadura funcionó perfectamente. Más tarde descubrimos que los panaderos recibían incentivos de la competencia para impedir la entrada de nuevos proveedores, y aunque no éramos los únicos afectados, eso no fue consuelo. Lo importante fue aprender que, en muchos casos, los resultados no dependen únicamente del producto, sino también de factores externos: intereses ocultos, prácticas poco éticas y barreras invisibles. Comprender todo esto y saber cómo actuar ante estas situaciones es parte del camino que te forma como BlackSeller.

Si esta anécdota deja una enseñanza, es que obtener un resultado va mucho más allá de lo que nuestros ojos ven o nuestra mente alcanza a comprender. Muchas veces dejamos que nos limiten ciertos paradigmas y creencias y, de lograr superarlos, abriremos las puertas a nuevas posibilidades y mejores resultados. Esta es, precisamente, una de las grandes máximas de la mentalidad competitiva: quien piensa diferente, obtiene resultados diferentes. No siempre sabes cómo se van a dar las cosas, pero trabajas con disciplina, persistencia, entrega y profesionalismo, al tiempo que vibras desde un lugar de amor, paz, compromiso y verdadera competitividad. Y cuando esa energía se alinea, el universo empieza a fluir... y las cosas, simplemente, suceden.

El o la BlackSeller, después de asumir un compromiso, no se rinde y una vez que lo consigue, ¡busca nuevos retos!

Uno de los pilares fundamentales de la mentalidad competitiva es que te enfrenta a tus miedos y dudas, y te impulsa a superarlos. Esto no significa eliminar por completo el temor o dejar de dudar; al contrario, se trata de aprender a convivir con esas emociones y avanzar a pesar de ellas. Quienes desarrollamos una mentalidad competitiva también sentimos miedo e incertidumbre, y a menudo somos más conscientes de lo que aún no sabemos, sin embargo, aceptamos los desafíos con determinación y aprendemos a ser resilientes ante el fracaso, entendiendo que no siempre se gana, y que lo importante es que, con cada paso nuestra mentalidad y actitud se fortalecen como resultado del esfuerzo constante. Esto requiere cultivar fortaleza mental a través de la disciplina y la sistematización, que —como veremos más adelante— se construyen con orden, limpieza y organización; así, comenzaremos a formar rutinas sólidas que nos harán más productivos y terminarán convirtiéndose en hábitos que impulsarán nuestro crecimiento personal y profesional.

La mentalidad competitiva no se basa en compararse con otros, sino en superarse constantemente; se enfoca en el crecimiento, no únicamente en el desarrollo, y mide los resultados como reflejo directo del propio desempeño. La razón es sencilla: quien actúa en función de lo que hacen los demás se convierte en seguidor o seguidora, mientras que quien busca mejorar su propia versión se convierte en líder, y eso es precisamente lo que busca la mentalidad competitiva: liderazgo. Ser líder de verdad significa crecer y elevar el nivel personal, mientras que un seguidor, en el mejor de los casos, mejora al mirar hacia afuera. Esa es la diferencia clave entre un ganador y alguien verdaderamente competitivo; entre quien piensa de forma estratégica y quien simplemente reacciona ante las circunstancias.

¿A qué nos referimos con pensar de forma estratégica? A imaginar un conjunto de acciones que te impulsen a salir de tus límites más bajos y te lleven a superarte constantemente. Actuar y pensar así significa buscar la mejor forma de alcanzar un objetivo a través de acciones concretas y bien definidas; por ejemplo, si tu meta es mejorar tu salud, puedes trazar tres estrategias: una enfocada en cambiar y fortalecer tu estado emocional, otra en evaluar tu condición física actual y una tercera orientada a implementar rutinas de entrenamiento y fortalecimiento físico. De esta forma, trabajarás de manera integral en los aspectos mental, físico y biológico, alineando tus esfuerzos hacia un crecimiento real y sostenido.

De la misma manera, este enfoque puede aplicarse al ámbito laboral. Si tu objetivo es aumentar las ventas y utilidades de tu negocio, lo primero es identificar con claridad en qué punto te encuentras. A partir de ahí, podrás desarrollar estrategias específicas, como una de diferenciación o diversificación de mercados, otra enfocada en marketing y publicidad, y una más centrada en el posicionamiento de tu marca. Una vez definidas estas estrategias, será necesario establecer acciones concretas para alcanzar los objetivos, como realizar un estudio de mercado, diseñar una promesa básica de valor, seleccionar los medios de comunicación adecuados, definir la identidad gráfica y elegir correctamente tu mercado meta. En resumen, se trata de construir un camino claro que te permita superar tus propias expectativas.

Practica el diálogo interno positivo

Un diálogo interno positivo consiste en hablar contigo de forma estratégica, motivadora y constructiva. Puedes utilizar afirmaciones como: "soy capaz de alcanzar mis metas", "confío en mis habilidades" o "aprendo y crezco con cada error". Por eso, te invito a que completes la siguiente tabla con tres ejemplos en cada categoría, como un primer paso para desarrollar una mentalidad competitiva alineada con el espíritu BlackSeller.

Frases estratégicas	**Frases motivadoras**	**Frases constructivas**

Enfocarte en lo que puedes hacer cada día, en lugar de fijarte sólo en el resultado final, te permite establecer objetivos claros y medibles, corregir debilidades y potenciar tus fortalezas. Te reto ahora a definir tres objetivos y comenzar a trazar las acciones que te acercarán a lograrlos.

Objetivo específico	**Medibles**	**Alcanzables**	**Relevantes**	**Temporales**	**Progreso**

A título personal: la mentalidad de mamá

Desarrollar una mentalidad competitiva se parece mucho a construir un cuerpo fuerte en el gimnasio: no ocurre de la noche a la mañana, requiere disciplina, constancia y voluntad. Por eso, aunque no te voy a contar cómo gané un campeonato de fisicoculturismo —porque no lo hice—, sí te puedo decir cómo se forja una mente capaz de mover montañas.

Hoy tengo 60 años y puedo decirte que esta forma de pensar comenzó desde mi infancia. Fue mi mamá, con su firmeza, sus palabras y sus correcciones, quien me enseñó a no evadir lo que me daba miedo, a enfrentar lo que me preocupaba. Cuando era niño, por ejemplo, me angustiaba mi baja estatura. También me dolía no ser elegido para jugar en la reta de futbol, y si eres latinoamericano, sabrás perfectamente lo que esto significa: quedarse al margen, sentirse invisible.

Pero ella me enseñó que no podía detenerme por eso, que debía buscar otras formas de destacar. Aprendí que, aunque no podía controlar todo, sí podía trabajar en mi actitud, mi carácter y mi preparación. Ésa fue una de las primeras lecciones que cimentaron lo que hoy reconozco como mentalidad competitiva: la idea de que nada te lo regalan, y que todo se gana con esfuerzo, enfoque y determinación.

Yo no era la promesa de la media cancha, ni el goleador que todos querían en su equipo. Regresaba a casa triste, y cuando mi mamá me preguntaba qué pasaba, le decía que no me invitaban a jugar. Mi mamá entonces habló con uno de mis hermanos para que me llevara a entrenar en las reservas del Cruz Azul.

El campo de entrenamiento nos quedaba muy lejos, pero aun así íbamos cada miércoles, sábado y domingo. Aprendí a jugar y, con el tiempo, llegué a destacar en el equipo. Eso cambió todo: empecé a ser elegido en las retas, tanto en la escuela como en la colonia. Porque si Maradona era chaparrito y a Messi le dicen "La Pulga", ¿por qué Alex Bobadilla no podría llevar a los azules al campeonato?

Aprendí que forjar una mente competitiva no sólo es cuestión de echarle ganas, sino de prepararse

Además de ser malo para las retas, durante mis primeros años fui víctima de bullying. Por mi baja estatura, evitaba confrontaciones; no me atrevía a responder porque temía enfrentarme a quienes eran más grandes que yo. Le conté a mi mamá y a uno de mis hermanos lo que estaba viviendo. Y ellos decidieron inscribirme a clases de judo.

Un año después, ya me sentía más seguro. Sabía usar la fuerza del oponente a mi favor y entendí que, gracias a la técnica, entre más grandes eran mis rivales, más posibilidades tenía de derribarlos. El judo no me enseñó a pelear por la vida, sino a saber defenderme si la situación lo requería. Nunca más volví a sentirme intimidado y, curiosamente, nunca más fue necesario enfrentarme a nadie.

Esas enseñanzas en mi infancia me prepararon para mi segunda etapa: la adolescencia. Tenía un carácter alegre, fiestero y algo distraído, lo cual me llevó a reprobar siete materias en tercero de preparatoria y estar a punto de perder el pase automático a la universidad. Esta vez no se lo conté a mi familia; ellos lo descubrieron por su cuenta. Me dieron un ultimátum y me inscribieron en cursos de regularización; se acabaron las fiestas y me dediqué de lleno al estudio.

Todos los días, como parte de mi rutina de enfoque, salía a correr tres kilómetros en la explanada del Castillo de Chapultepec. Mientras corría, repetía una frase que saqué del libro *La mente en las relaciones humanas*, de Dan Custer: "Yo quiero, yo puedo, yo soy". Y funcionó. Contra todo pronóstico, pasé los exámenes extraordinarios y obtuve mi pase automático a la Facultad de Ingeniería. Fue un logro que sorprendió a todos: amigos, maestros, familiares... y a mí mismo.

Pero a los 22 años llegó lo que considero el momento más duro de mi vida. Sufrí un accidente en carretera y perdí el dorso de la mano derecha. Después de siete cirugías y tres años de rehabilitación, logré recuperarla, pero mi autoestima y seguridad quedaron destrozadas.

Ese mismo año murió mi mamá, la mujer que me forjó. Fue mi guía, mi impulso, mi inspiración. Su partida me llenó de dolor y miedo; sentí que el suelo se abría bajo mis pies y, como si eso no bastara, en ese periodo también fui rechazado en una empresa transnacional. Me dijeron que buscaban ingenieros recién egresados de universidades privadas y con una estatura mínima de 1.70. Yo no cumplía con ninguno de esos "requisitos".

Me sentí devastado. Durante días, pensé que no habría una oportunidad real para mí. Pero entonces recordé todo lo que había vivido, todo lo que ya había superado. Decidí no quejarme, y, con la fuerza de esa mentalidad competitiva que mi madre me ayudó a formar, me levanté.

Y apliqué una frase que mi hermana Emita me enseñó y que aún hoy llevo tatuada en el alma...

"A Dios rogando y con el mazo dando"

Después del accidente, inicié una terapia psicológica para trabajar emocionalmente el tema de mi mano. Paralelamente, comencé a explorar distintas oportunidades laborales hasta que logré salir de ese gran bache que marcó mi vida. Ese proceso fue duro, pero me enseñó que, con pensamiento claro, preparación y voluntad, se puede volver a empezar.

Durante los últimos cuarenta años, han seguido apareciendo retos y adversidades. Me casé sin tener recursos suficientes, formé una familia, eduqué a mis hijos con valores, me mudé a un país cuyo idioma no hablaba, dirigí equipos de más de 600 personas, abrí mercados en lugares totalmente nuevos y fundé una empresa desde cero. Cada uno de estos desafíos los enfrenté con determinación, preparación y, como suele decir uno de mis hermanos, "poniéndole el pecho a las balas": encarando los problemas con valentía y buscando siempre soluciones, no excusas.

Hoy sigo trabajando en fortalecer mi pensamiento competitivo. Lo hago a través de la meditación, la oración, el estudio, la lectura, y siendo consciente de con quién comparto mi tiempo y cómo elijo vivir cada día. Y sobre todo, con la certeza de que, salvo la muerte, todo en la vida tiene solución. Lo demás es cuestión de actitud, preparación y enfoque para salir adelante.

Octadecágono de la Mentalidad Competitiva

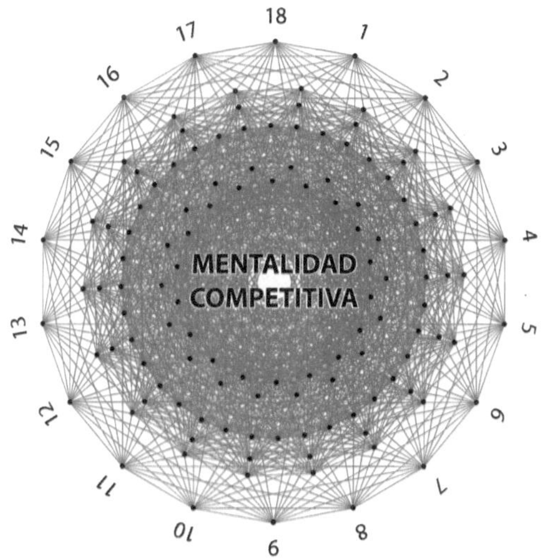

18 Efectos de la mentalidad competitiva

1. Aceptas los retos
2. Te adaptas con rapidez
3. Ajustas tus planes
4. Analizas tus decisiones
5. Buscas la excelencia
6. Compartes tu conocimiento
7. Compites con ética
8. Creas nuevas soluciones
9. Demuestras tu valor
10. Ganas con humildad
11. Impactas con argumentos
12. Lideras por resultados
13. Te mantienes siempre firme
14. Mides tus avances
15. Persistes ante rechazos
16. Sostienes el ritmo
17. Superas tus metas
18. Vendes con enfoque

CAPÍTULO IV

PENSAMIENTO EXPONENCIAL

Para entender qué es el pensamiento exponencial, es necesario contrastarlo con el pensamiento tradicional o lineal. Quizás has escuchado la frase "pensar fuera de la caja" —*think out of the box*—, una metáfora que resume muy bien la idea de romper con lo establecido, pues refiere justamente a este tipo de pensamiento, ese que desafía lo convencional a través de ideas innovadoras, creativas y disruptivas, dejando atrás el miedo a la incertidumbre y el temor al error.

Romper con el pensamiento lineal —aquel que plantea soluciones únicas y predecibles— es el primer paso hacia un pensamiento exponencial, un tipo de mentalidad que nos reta a ver el crecimiento personal, profesional o empresarial como algo alcanzable, pero no por azar, sino a través de una metodología clara: aprender nuevos procesos, adaptarse a tecnologías emergentes, entender las tendencias del mercado y, sobre todo, perder el miedo a la frustración.

Pensar exponencialmente implica mirar el mundo con ojos nuevos, asumir que el futuro no está escrito y que se construye con trabajo constante, adaptabilidad y enfoque. Claro, no es fácil soltar los constructos que hemos aprendido; requiere cuestionar lo que ya no funciona y abrir espacio a ideas disruptivas, por más descabelladas que parezcan. Los límites, en realidad, los define tu esfuerzo y creatividad.

En las últimas dos décadas, se ha promovido la idea de que "perseguir tus sueños" es suficiente. Pero esta narrativa, mal entendida, ha generado una expectativa de merecimiento automático: muchas personas creen que el éxito llegará sólo por desearlo, como si el universo, Dios o el karma tuvieran la obligación de recompensar sus anhelos. La mentalidad exponencial, en cambio, se basa en ver cada cambio como una oportunidad para evolucionar; no se trata únicamente de soñar, sino de prepararse sin descanso y actuar con disciplina para que las cosas sucedan.

¿Cuántas personas conoces que viven quejándose porque no tienen lo que, según ellas, merecen? Y ahora piensa: ¿a cuántas de esas personas has visto realmente trabajando con disciplina, constancia y enfoque por esos sueños que tanto dicen desear? He ahí la diferencia entre anhelar y accionar.

El éxito y los sueños no caen con la lluvia, esperando a que los recolectemos en una cubeta

Falsos profetas

A raíz de la pandemia, el uso de medios digitales creció de forma desmesurada, facilitando la interacción constante con una gran cantidad de personas. En este nuevo entorno, muchos hablan del éxito como si creciera en las jardineras de los parques, y emiten frases como "crece", "no te limites" o "desarróllate", pero se quedan en la superficie. Algunos falsos gurús repiten consejos sin profundidad, sin ofrecer herramientas reales ni considerar que los tiempos han cambiado y, lo que antes funcionaba, hoy ya no. En redes sociales proliferan los mensajes huecos disfrazados de optimismo, similares a aquel meme que dice: "¿Estás triste? Pues... no estés triste". Un rosario de buenas intenciones que, en la práctica, no ayuda en nada.

La positividad tóxica se basa en fórmulas mágicas y "consejos millonarios" que prometen éxito rápido, pero sólo venden ilusiones sin esfuerzo real.

Ten cuidado con los *influencers* que prometen riqueza y fama en tiempo récord o presumen títulos dudosos obtenidos quién sabe dónde, pues sus mensajes suelen ser seductores, sobre todo para los jóvenes que anhelan el éxito sin esfuerzo. Este es un tema delicado, porque muchos de estos charlatanes aparentan tener pensamiento exponencial, pero en realidad solo están actuando un personaje; no hay fondo, solo fachada.

Cuando hablamos de pensar en grande, suele aparecer de inmediato la palabra "prudencia", porque al buscar crecer podemos llegar a ser invasivos o incluso agresivos; por eso es fundamental no cruzar la línea del respeto y conocer los fundamentos técnicos de una buena práctica de negocios para evitar malentendidos o compromisos innecesarios. Alguien dedicado a las ventas, o cualquier persona en el mundo empresarial, puede dejarse llevar por el entusiasmo al intentar cerrar un trato, y ahí deben entrar en juego la prudencia y el sentido común: saber hasta dónde hablar y qué ofrecer.

Me formé en los años setenta, con valores muy claros; crecí con ideas centradas en la mesura, la humildad, la objetividad y el respeto. Durante mis estudios universitarios, nos enseñaron a avanzar paso a paso, con metas específicas, realistas y alcanzables.

Hoy se habla mucho de crecimiento exponencial, pero... ¿cómo se logra realmente? Hay empresas que lo consiguen, sí, pueden multiplicar sus ventas por dos, tres o incluso diez veces; sin embargo, eso no ocurre por arte de magia ni por seguir simples "consejos millonarios", para lograrlo, es esencial conocer profundamente nuestro mercado, entender nuestro modelo de negocio y, sobre todo, tener un plan estratégico sólido.

Cuando no se tienen metas realistas ni métodos bien pensados, el crecimiento es como los unicornios: imaginario

Ya dijimos que andar por la vida con una sonrisa no basta para que tus sueños se hagan realidad y que tus metas no se materializan sólo por ser quien eres. Y entonces surge la gran pregunta: ¿el vendedor o vendedora profesional y de gran éxito nace o se hace?

Es cierto que una persona puede tener talento natural, carisma y facilidad de palabra, pero si no trabaja en sí misma, difícilmente alcanzará el éxito. Para ser un vendedor o vendedora profesional, hay que construir hábitos, cultivar una actitud positiva, prepararse constantemente, generar confianza en los demás —sin confiarse en exceso—, estudiar, rodearse de un buen entorno de contactos y mantener siempre una disposición de crecimiento.

Desde muy joven tuve que aprender esto en la práctica. A los dieciséis años, para ayudar a mi familia, comencé a trabajar junto a uno de mis hermanos vendiendo diablitos de carga, o carritos de mano, en los mercados sobre ruedas —los tianguis, como se conocen en México—. A esa corta edad ya tenía que descifrar cómo pensaban las clientas, entender sus objeciones y, sobre todo, convencerlas de comprarme. Con el tiempo descubrí que convencer a una señora de invertir mil pesos en un diablito era tan desafiante como lograr que un empresario firme un contrato por cien mil dólares.

Mi mayor herramienta era la actitud. Siempre sonreía y les decía: "¿qué pasó, señorita?, ¿qué pasó, güerita?", o "a ver, no me diga eso, ¿cómo cree?", y hasta les soltaba: "imagínese el trabajo que me costó hacer este diablito"... aunque en realidad yo ni los fabricaba. Pero sabía cómo hablarles. Eso me motivaba, me retaba, y cada día salía con la meta de vender todo. Y lo lograba.

En esa etapa, todo era instintivo. Aún no conocía las técnicas de ventas ni las estrategias de negociación, eso vino después. Pero mi actitud lo compensaba. Más adelante, en la universidad, esa misma actitud me permitía negociar con los maestros: si tenía faltas, si no me había ido bien en un examen o si debía alguna tarea, siempre buscaba cómo resolverlo. Mientras más difícil era el reto, más adrenalina sentía, más me esforzaba... y más disfrutaba demostrar que podía con lo que me propusiera.

Ve hacia adelante, sé agradecido,
entusiasta, prepárate y cree en ti

> Levántate temprano. Las primeras tres horas del día son las más valiosas: no hay interrupciones, todo está en calma y el enfoque es total. Aprovecha ese tiempo para invertir en ti, ya sea estudiando, reflexionando o trabajando en tu desarrollo personal. Es, sin duda, una de las mejores decisiones que puedes tomar para crecer.

Dar grandes pasos no depende sólo del deseo, sino de contar con una estrategia clara y un enfoque profesional. Convertirse en BlackSeller —una persona extraordinaria en los negocios, las ventas y la vida— implica un proceso integral de crecimiento: personal, espiritual y profesional. Con esa visión en mente, he desarrollado una metodología de cinco pasos diseñada para profesionalizar al vendedor y llevarlo al siguiente nivel.

1. Trabajar en ti.
2. Aprender el mundo del producto.
3. Aprender técnicas y cierres de ventas.
4. Desarrollar un *networking*.
5. Aprender procesos administrativos y financieros.

Con estos cinco elementos, podrás convertirte en un vendedor o vendedora profesional y dejar de depender de la suerte. Esta formación te permitirá comprender que la gente de ventas no nace, se hace. Nadie viene al mundo sabiendo cómo cerrar una venta; esas habilidades se aprenden, por eso, el verdadero vendedor se forma: elige un objetivo, lo visualiza con claridad y trabaja hasta alcanzarlo. Para lograrlo, es necesario tener plenitud, certeza, definir metas claras y enfrentar los retos con inteligencia y estrategia.

> El éxito no es un destino idealizado ni un paraíso inalcanzable; es una máquina compuesta por muchas piezas, donde cada una cumple una función crucial. Para ponerla en marcha, necesitas

convertirte en el artífice de tu propia vida. Recuerda que los negocios son una extensión de ti: cuando encuentras plenitud en lo personal, estás más cerca de alcanzar el verdadero éxito.

Horizonte

Crecer exponencialmente es como correr un maratón: posible, pero sólo si se siguen los pasos adecuados para alcanzarlo. Si tu meta es tener diez millones de dólares, no basta con desearlo; necesitas establecer objetivos claros, definir un plazo y organizar acciones concretas que te lleven hasta ahí. Para los antiguos filósofos, el horizonte representaba lo inalcanzable, pero en el mundo actual de los negocios, ese horizonte simboliza una meta ambiciosa. No es que no se pueda lograr, sino que muchos fracasan por no seguir un camino claro, estructurado y disciplinado para alcanzarla.

Alcanzar el éxito es un acto disruptivo, porque exige decisiones y acciones fuera de lo común. No se trata únicamente de lograr una gran meta, sino de avanzar paso a paso hacia ella. Cada vez que defines una serie de acciones y logras cumplirlas, estás creciendo, en el entendido de que crecer no es llegar al final, sino moverte con determinación hacia ese objetivo, sabiendo que cada conquista, por pequeña que sea, te acerca más al éxito.

Cuando somos niños, soñamos con ser adultos y hacer todo lo que ellos hacen, pero ese sueño es ingenuo, porque las cosas no suceden de la noche a la mañana, y crecer sin pasar por cada etapa de la vida genera inmadurez. El verdadero crecimiento se construye paso a paso: año tras año, grado tras grado, experiencia tras experiencia, error tras error y triunfo tras triunfo.

¿Has visto esas películas donde un niño se convierte en adulto de forma mágica? No saben cómo actuar porque no han vivido el proceso. Lo mismo ocurre en los negocios: el crecimiento auténtico no llega por un golpe de suerte, sino por pequeños cambios constantes, enfocados en una meta clara.

Por ejemplo, si yo quiero ser reconocido como empresario, como marca y como persona dentro de mi familia, primero debo definir ciertas acciones concretas que construyan mi marca personal; otras que impulsen mi negocio, y unas más que fortalezcan mi desarrollo personal. Todo parte de tener un propósito bien definido.

Mi verdadero objetivo ha sido ser una persona feliz, que disfrute cada día y que pueda aportar a los demás a través de sus experiencias, negocios o conferencias. Y en esa búsqueda, descubrí algo poderoso: gran parte de lo que somos proviene del entorno que nos rodea; el éxito, o su ausencia, muchas veces se aprende y se replica, por eso es fundamental rodearte de personas que te aporten, que te inspiren, que eleven tu conciencia y tu actitud.

Por el contrario, si te rodeas de personas con vicios, conflictos y pensamientos limitantes, corres el riesgo de caer en la misma espiral. Un secreto poderoso es este: elige bien tu círculo, pues tu entorno puede ser el impulso o el ancla, y si eliges rodearte de personas con pensamiento exponencial, inevitablemente comenzarás a desarrollar el tuyo. Dicen que somos el reflejo de las cinco personas con las que más convivimos… pero, ¿qué pasa si esas personas son tóxicas para ti?

A lo largo de tu vida siempre encontrarás personas que suman y otras que restan. No puedes cambiarlas, pero sí puedes decidir que no influyan negativamente en ti. Lo único que realmente puedes transformar es a ti mismo y tu forma de pensar y lo que colocas en tu mente, lo estás proyectando en tu vida.

Por eso, si eliges iniciar un proceso de trabajo introspectivo, tendrás la capacidad de transformar por completo tu realidad. Detente a analizar cada área de tu vida con honestidad: ¿qué personas, hábitos o entornos están impulsando tu crecimiento y cuáles lo están frenando? Puedes reflexionar sobre tu jefe, tus compañeros de trabajo, tu pareja, tu familia o tus amigos, y preguntarte: ¿estas personas me ayudan a multiplicar o a dividir? ¿Están en la misma sintonía que yo y mi visión de futuro?

Este tipo de análisis no solo fortalece tu mentalidad, sino que crea las condiciones para que tus metas crezcan de forma exponencial.

No importa que sean familiares, amigos de la infancia o monjes iniciados, si la gente con la que te juntas te hace daño, aléjate. No te digo que dejes de quererlos, pero tu camino como BlackSeller es claro, y no necesitas a personas negativas en él.

Matemáticas

En términos económicos y matemáticos, el crecimiento exponencial es aquél en el que el incremento es proporcional al valor alcanzado en ese momento; es decir, cada avance se construye sobre el anterior, y la variación con el tiempo es cada vez mayor. Aunque suene complejo —y más aún si usamos la fórmula $Xt = X_0 \cdot c^{rt}$—, este concepto puede aplicarse perfectamente al mundo de los negocios: en pocas palabras, crecer de forma exponencial no significa avanzar sin control, sino hacerlo de manera proporcional al contexto, al mercado y a la preparación de cada quien. Es entender que el crecimiento real no se mide desde el punto de partida, sino desde el paso anterior, y que cada avance, bien enfocado, puede multiplicar los resultados.

Por eso, si aumentar un 20% cuesta desvelos, trabajo y esfuerzo, crecer un 200% podría costarte lo mismo, siempre que cambies tu forma de pensar. No te limites a ver lo que hiciste el año pasado; empieza a observar cuánto vale realmente el mercado en el que estás y hasta dónde podrías llegar si tuvieras más conocimiento y visión.

Según el empresario estadounidense Grant Cardone, pensar de forma exponencial significa fijarse metas más allá de lo aparentemente parece posible, dejar de conformarse con objetivos pequeños y perseguir resultados extraordinarios con más acción, enfoque y persistencia. Este proceso requiere expandir tus límites, aceptar los errores y construir relaciones sólidas con clientes, colegas y socios. En resumen, el pensamiento exponencial no se trata sólo de crecer rápido, sino de crecer mejor: con ambición, disciplina y una visión más grande que tus circunstancias actuales.

Hay muchos océanos azules en los negocios,
pero para encontrarlos, primero hay que decidirse
a emprender el viaje hacia ellos.

Círculos virtuosos

Mucha gente se enfrenta a los cambios intentando paliarlos con pequeñas mejoras o parches. Un pensamiento exponencial implicaría no tener miedo a los cambios y tomarlos como una oportunidad (lo cual a menudo implica riesgo e incertidumbre).

Te invito a completar esta tabla, para empezar a familiarizarte con aquello a lo que vas a enfrentarte para lograr lo que quieres.

Retos	Problemas	Soluciones

Fomenta una cultura de aprendizaje constante y apertura a la experimentación, que te permita adaptarte con agilidad a los cambios y aprovechar al máximo cada oportunidad. Para ello, puedes elaborar una tabla como la siguiente:

¿Cuál es mi aprendizaje?	¿A qué me tengo que adaptar?	¿Cuáles son mis oportunidades?

La actitud, la disciplina y otras virtudes son motores que nos llenan de entusiasmo para avanzar. Por eso, es fundamental rodearte de personas que sumen a tus valores y te impulsen a aprender. Quienes están en sintonía con tu forma de vivir y pensar se convierten en un impulso real para tu crecimiento, en cambio, si te rodeas de personas mediocres, sin aspiraciones y con una visión negativa, terminarás absorbiendo ese mismo pensamiento. No puedes permitirte compartir tu camino con quienes no te ayudan a crecer ni a pensar en grande.

Firmeza

Es fundamental no ceder ante los objetivos que nos proponemos, pues para crecer de forma exponencial, se necesita fuerza interior, firmeza y una mentalidad poderosa. Alcanzar resultados extraordinarios exige carácter, pero también estrategia, y una de las claves para escalar ese proceso es medir constantemente nuestro avance y evaluar si vamos en la dirección correcta.

Consejo de BlackSeller
Constantemente buscamos pequeños logros que, en conjunto, nos acercan a grandes metas. Cuando formas parte de una compañía y te enfrentas a retos importantes, es clave combinar ese pensamiento exponencial con la Filosofía 360. Porque los grandes resultados no sólo requieren grandes ideas, sino también grandes acciones. Así, el crecimiento se vuelve inevitable.

Insiste

La humanidad ha llegado a la Luna, explora Marte y ha logrado desviar un meteorito. ¿Qué más es posible? Los grandes logros del futuro ya están en la mente de alguien que actúa, que convierte ideas en resultados, y si bien todos tenemos el potencial para alcanzar el éxito, eso no significa que llegará por arte de magia o solo por tener buena actitud. Nacemos con capacidades enormes, pero debemos desarrollarlas con esfuerzo, sin caer en la falsa creencia de que lo merecemos todo únicamente porque lo afirma alguien con optimismo vacío.

Tu éxito será exponencial si tienes un pensamiento exponencial

El pensamiento exponencial es una forma de ver el mundo enfocada en detectar oportunidades de crecimiento y evolución constante, en lugar de quedarse limitado a avances lineales o incrementales, y parte de la idea de que vivimos en un entorno que cambia a una velocidad sin precedentes, donde las posibilidades de éxito se transforman y se multiplican todo el tiempo. Este tipo de mentalidad implica asumir riesgos, probar nuevas ideas, adoptar tecnologías emergentes y explorar modelos de negocio innovadores. Además, reconoce que el crecimiento exponencial no suele lograrse en solitario, sino a través de la colaboración y la suma de talentos, habilidades y recursos entre personas y equipos.

Entre los principios fundamentales del pensamiento exponencial se encuentra la convicción de que la tecnología puede transformar profundamente la sociedad, así como la voluntad de cuestionar los paradigmas establecidos y la habilidad de plantear soluciones creativas e innovadoras frente a los desafíos.

A título personal: de cerdos y golf

Hace algunos años me enfrenté a un gran reto: vender sesenta mil unidades de producto en un año. En ese momento, esa meta me parecía casi inalcanzable, especialmente porque el único vendedor que lo había logrado llevaba más de veinte años en la compañía, y por ello pensé que me tomaría muchísimo tiempo igualar ese nivel. Sin embargo, decidí cambiar mi enfoque: en lugar de seguir compitiendo por los mismos clientes de siempre, me convencí de que debía ampliar mi visión y buscar nuevas oportunidades. Me propuse encontrar prospectos fuera de nuestra base habitual, incluso si en ese momento eran desconocidos para nosotros.

Fue entonces cuando apliqué un concepto que más adelante confirmé al leer *La estrategia del Océano Azul*, de W. Chan Kim y Renée Mauborgne. El libro plantea que la mayoría de las personas se desgasta compitiendo en mercados saturados, ignorando espacios aún inexplorados, mientras que la clave está en detectar esos "océanos azules": mercados que todavía no han sido explotados, pero que tienen potencial para generar un crecimiento rentable y sostenible. Esa mentalidad me permitió ver más allá del mercado tradicional y abrir la puerta a nuevas ventajas competitivas.

Los seres humanos nos explicamos los conceptos complejos a través de mitos o narraciones. Por eso, quiero compartirte una antigua historia que nos invita a abrir los ojos a nuevas oportunidades y, con ello, a expandir nuestro pensamiento.

Un hombre conducía por una carretera llena de curvas muy cerradas, de esas en las que no puedes ver qué viene más adelante. En una de esas vueltas, otro auto que venía en sentido contrario bajó la velocidad; el conductor se asomó por la ventanilla y gritó: "¡cerdo!".

El primer conductor se molestó de inmediato y respondió con un insulto de esos que nuestras mamás no hubieran dejado pasar sin un buen regaño. Al volver su atención al camino, se encontró con un cerdo grande y gordo parado tranquilamente en medio de la carretera. Por más que intentó esquivarlo, no logró evitar el choque.

Las consecuencias fueron fatales tanto para el pobre animal como para el motor del coche. Por suerte, el conductor vivió para contarlo... y para entender que el otro chofer no lo había insultado, sino que intentaba advertirle del peligro que tenía justo enfrente.

De la misma forma, ciertos paradigmas e ideas preestablecidas muchas veces nos impiden expandir el pensamiento y ver con claridad el camino que se abre frente a nuestros ojos. Así, dejamos pasar oportunidades valiosas y percibimos como insalvables obstáculos que en realidad podrían superarse, y nos ahogamos en un vaso de agua en lugar de nadar en un océano de posibilidades. A partir de la aplicación del pensamiento exponencial y de aprovechar mi networking decidí buscar nuevas oportunidades para vender nuestros productos, y encontré una empresa que, por sí sola, consumía cuatro millones de unidades al año. La travesía tomó más de dieciocho meses hasta lograr el primer período de prueba con cuatrocientas mil unidades, pero una vez superada esa etapa, logramos convertirnos durante varios años en el proveedor principal de esa línea de productos. Aquel reto inicial de sesenta mil unidades, que en su momento parecía inalcanzable, terminó siendo algo menor frente a lo que conseguimos después.

A partir de ese logro, cada vez que establezco un objetivo de crecimiento en los negocios que lidero, me planteo metas con tasas superiores al cincuenta por ciento, e incluso algunas de hasta trescientos por ciento. He aprendido que la forma en que justifico esos objetivos y la manera en que diseño las acciones para cumplirlos aumentan considerablemente la posibilidad de alcanzarlos. ¿Cuántos océanos azules existen en los negocios o en las actividades que realizamos? Muchos. Pero, para encontrarlos, es necesario atreverse a emprender el viaje que nos lleve hasta esa playa.

Como muchos empresarios, desde hace algunos años me ha llamado la atención el golf, así que me propuse aprender a jugar. Hoy creo que no lo hago tan mal... aunque, supongo, eso decimos todos los que practicamos este deporte.

Por supuesto que las primeras veces que me invitaron a jugar me sentí intimidado. No le daba a la pelota, la mandaba al agua y tardaba horas en cada hoyo, todo bajo la mirada inquisitiva de aquellos señores expertos en golf... y en grandes negocios. Sin embargo, todas esas horas bajo el sol, dorando mi piel morena, cada uno de los miles de pasos que di recorriendo interminables campos de golf en busca de una pelota rebelde perdida entre los prados, con una sonrisa en el rostro y la risa apenas disimulada de mis compañeros a mis espaldas, dieron frutos. Al principio, mi único objetivo era no equivocarme; con el tiempo, empecé a querer ganar. Y ahora, aunque suene un poco presumido, podría apostarte una cena a que termino el juego en menos tiempo que tú. Al final, lo verdaderamente importante es expandir nuestro pensamiento, romper los límites de nuestra formación intelectual y emocional, y hacer realidad nuestros propósitos con trabajo duro, un par de buenos palos de golf y, sobre todo, mucha apertura mental.

Octadecágono del Pensamiento Exponencial

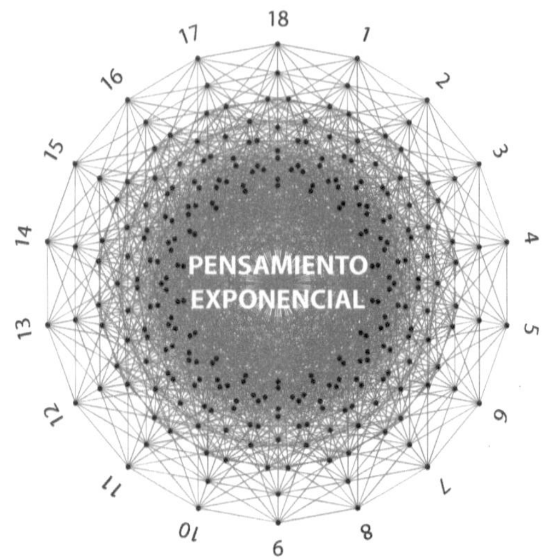

18 Efectos de tener un Pensamiento Exponencial

1. Aprendes de expertos
2. Aprovechas cada contacto
3. Aumentas tu reputación
4. Automatizas tu prospección
5. Conquistas nuevos nichos
6. Creas nuevas ofertas
7. Creces con estructura
8. Eliminas lo innecesario
9. Escalas tus ingresos
10. Expandes tus ideas
11. Innovas en procesos
12. Mejoras cada versión
13. Multiplicas tus resultados
14. Multiplicas tus cierres
15. Reinventas tu pitch
16. Rompes tus límites
17. Simplificas decisiones complejas
18. Utilizas nuevas herramientas

CAPÍTULO V
DISCIPLINA

En esta vida nada es gratis. Seguramente has escuchado mil veces que las cosas que realmente valen la pena no son fáciles, y en gran parte es verdad, pero con disciplina, preparación y trabajo constante, esos retos que parecen inalcanzables bajan de su pedestal y se convierten en metas alcanzables. Siento ser yo quien te lo diga, pero el talento no se mide por una sonrisa encantadora, un atuendo elegante, una bolsa carísima, un auto costoso o una gran residencia.; es más, ni siquiera la idea más brillante o el producto más innovador garantizan el éxito: todo, absolutamente todo, requiere esfuerzo.

Así como la mejor semilla necesita del labrado de la tierra, del trabajo del campesino, de la lluvia y del sol para dar su mejor fruto, el éxito también requiere de muchos empujones. Ese impulso clave se llama disciplina.

Cada uno de los conceptos que presento en este libro debe tener un horizonte, una guía que ilumine el camino hacia donde nos dirigimos. Aquí, a eso le llamamos metas y objetivos. Para desarrollar disciplina, primero debemos tener claro cuáles son nuestros objetivos en distintas áreas como la espiritual, la emocional, la física, la de pareja, de negocios, de aprendizaje, de relación con los clientes, de inversión o de ahorro, por nombrar algunas, porque los objetivos son tan diversos como los caminos que se presentan en nuestra vida y, a partir de ellos, podemos definir líneas de acción que nos den claridad sobre cómo organizarnos. Para ser precisos: así como de los objetivos nacen las metas, de las metas surgen las acciones, y es en ese punto donde entra en juego la disciplina.

Agenda

Existe la creencia de que la disciplina consiste únicamente en seguir órdenes; sin embargo, está más relacionada con la congruencia, con actuar coherentemente con lo que se piensa. La disciplina puede asociarse con procesos autoritarios, con estímulos externos que nos obligan a obedecer, pero yo te propongo entenderla como un proceso voluntario, no como algo impuesto desde fuera, sino como una decisión interna, y así, el primer paso consistirá en comprender que no se trata de hacer algo porque alguien más lo exige, sino de mirarse al espejo y preguntarse con honestidad: ¿qué prometí que haría?

Hace treinta años, Franklin Quest desarrolló una serie de técnicas para manejar tu itinerario, organizarte y fortalecer la disciplina; el libro *Los 7 hábitos de la gente altamente efectiva*, de Stephen R. Covey, está alineado con esta filosofía. ¿Por qué es tan importante? Porque si no tienes claras las acciones que vas a realizar día a día, semana a semana, mes a mes y año tras año, o si antepones las prioridades de los miembros de tu familia o de tu círculo cercano, lo que hagas terminará siendo consecuencia del azar y no de una intención consciente. Por eso, una de mis primeras recomendaciones para integrar la disciplina en tu vida es que lleves una agenda diaria y la uses estratégicamente para establecer rutinas, pues te permitirá registrar tus actividades habituales —ir al trabajo, hacer las compras o recoger a tus hijos—, a la par de aquéllas enfocadas en tu crecimiento, aprendizaje o disfrute: inscribirte en un curso, tomar un diplomado, asistir a un concierto o celebrar una fecha especial. De igual forma, te recomiendo planear tu semana con anticipación, asignando un día fijo —por ejemplo, los viernes— para organizar los siete días siguientes. Así, si surge una reunión, una llamada por Zoom, una comida o una conferencia, podrás saber de inmediato si tienes espacio para aceptarla o no.

Ten fe, conocimiento, consciencia y ¡aplícate!

En el caso de las ventas, podríamos estructurar una agenda donde los lunes estén destinados a reuniones con el equipo comercial; los martes se dediquen a visitar puntos de venta o almacenes; los miércoles se enfoquen en fortalecer el networking; los jueves se utilicen para revisar proyectos y planes a corto y mediano plazo, y los viernes se reserven para planear la semana siguiente. Para simplificar esta organización, es fundamental aprender a utilizar herramientas como agendas compartidas, espacios de trabajo en distintas plataformas, recordatorios, o cualquiera que sientas que sirve para tus necesidades específicas. En mi caso, además, clasifico cada uno de mis compromisos en cinco áreas distintas: mi empresa, la marca BlackSeller, asuntos familiares, personales y las organizaciones con las que colaboro; a cada una le asigno un color diferente, lo que me permite visualizar fácilmente a qué aspecto de mi vida estoy dedicando más tiempo. Todas estas acciones contribuyen directamente a desarrollar mayor disciplina.

Si quieres emprender, vender o alcanzar el éxito en cualquier ámbito de tu vida, necesitas esfuerzo, preparación y consciencia, pero estas cualidades sólo se construyen con enfoque, y ese enfoque nace de la disciplina. Te invito a explorar técnicas de estudio, meditación y templanza mental para mantener tu intelecto preparado y afilado, listo para encontrar con claridad el camino correcto.

La eterna virtud de las abejas

No es que estemos descubriendo el agua tibia: la disciplina siempre ha sido una virtud, desde la caza de mamuts hasta el estudio de la mecánica cuántica. Por lo general, cuando hablamos de disciplina, tendemos a imaginar un método riguroso y estricto, casi un sistema militar inflexible, y por eso puede generarnos rechazo y llevarnos a hacer caso de ese sinfín de promesas mágicas e instantáneas para bajar de peso, alcanzar el éxito o encontrar el amor de manera engañosamente simple.

¿Has observado la extraordinaria arquitectura de los panales de abejas? La perfección de sus dimensiones es asombrosa, su organización supera a la de muchas megacorporaciones humanas y su éxito como especie las convierte en una verdadera maravilla del mundo. Tanto es así que, si desaparecieran, el planeta entero estaría en riesgo.

Las abejas no alcanzan la perfección por el simple hecho de ser abejas, sino por la disciplina de su trabajo

Es importante recordar que una de las características esenciales que definen al ser humano es el carácter , que es algo con lo que naces y forma parte de ti. Sin embargo, con la disciplina pasa algo distinto, ya que es una cualidad que se puede adquirir y fortalecer con el tiempo. Personalmente, yo he aprendido que la disciplina conlleva un estado de bienestar que, de manera equivocada, muchos asocian exclusivamente con la riqueza material, y esto no es descabellado, porque la disciplina es una forma inteligente de valorar lo que tienes, en lugar de centrarte en lo que te falta. Valorar lo que posees es un estilo de vida que te permite reconocer la maravillosa oportunidad que tienes de respirar, escribir, leer, correr, caminar, hablar, oler y saborear; al hacer consciente todo lo que puedes hacer, comienzas a sentirte bien, y ese bienestar es un modo de vivir, una manera de disfrutar lo que tienes y comprender cómo, como ser humano, puedes crear algo que transforme tu vida de manera auténtica. Lo cual sólo se logra con disciplina.

La disciplina es un conjunto de acciones planificadas que te permiten cumplir las metas que te has propuesto y evitar que pierdas el enfoque. Si quieres destacar, esta virtud resulta indispensable, ya que el talento, por sí solo, puede diluirse fácilmente en la desidia.

Lo fácil de lo difícil

Muchas personas han logrado sobresalir en los negocios, el deporte y el arte teniendo como pilar fundamental la disciplina. Pensemos en figuras como Steve Jobs, Kobe Bryant o Andrea Bocelli; sus historias muestran cómo cada uno siguió una serie de actividades planificadas y rutinarias que les permitieron alcanzar sus metas de manera más efectiva.

La disciplina no es algo complicado, sino un método para hacer que lo demás sea fácil

Cuidado con esto: muchas veces nos imponemos grandes sacrificios que confundimos con disciplina. Para detectar errores de este tipo, te invito a reflexionar si esas penurias que te obligas a atravesar no son en realidad otra cosa: intentos por cumplir las expectativas de otros, penitencias para aliviar alguna culpa o maneras equivocadas de manejar tus emociones.

Es muy fácil vivir atrapados en falsas creencias que nos llevan a imponernos sufrimientos innecesarios, por ejemplo, muchos padres obligan a sus hijos a estudiar una carrera que no les interesa o les repiten que "hay que terminar (a golpes y arañazos) todo lo que empiezan". ¿Por qué? ¿Por qué ver médicos sin vocación o abogados que no aman lo que hacen? ¿Por qué hay jóvenes que insisten en continuar un proyecto que detestan sólo porque su padre así lo quiere?

La disciplina no debe ser la cruz de la felicidad

Si no te gusta, si no te inspira, si te equivocaste o si te duele, busca aquello que despierte tu pasión, cambia de parecer y sigue el camino que te lleve a la satisfacción verdadera. La disciplina debe ser un placer para que puedas sostenerla en el tiempo.

Motivos

A partir de ahora, no esperes a que el tiempo se vuelva un caos; anticipa y planifica tus actividades con la mayor previsión posible.

Tener disciplina significa contar con la capacidad de seguir una estructura, un plan o una rutina, incluso cuando faltan las ganas o la motivación para hacerlo

La disciplina implica tener autocontrol, lo que te permitirá resistir distracciones y tentaciones para mantenerte enfocado o enfocada en tus objetivos a largo plazo. Por supuesto, también puede exigir ciertos sacrificios, o renunciar a ciertas comodidades o placeres inmediatos con tal de alcanzar una meta más grande. Además, requiere la habilidad de establecer objetivos claros y realistas, planificar y organizar el tiempo de manera efectiva, así como comprometerse a cumplir con las tareas y responsabilidades asignadas, al tiempo que supone asumir una posibilidad importante: buscar ayuda. Contar con la asesoría de un coach o un mentor especializado en el área que te interesa no sólo te permitirá reducir tiempos, sino también aprender a disciplinarte de forma más directa.

Piensa, por ejemplo, que, si tu meta es mejorar tu condición física, será mucho más sencillo alcanzarla si tienes a alguien que te oriente sobre qué ejercicios realizar, con qué frecuencia, durante cuánto tiempo y qué alimentación seguir, en lugar de comenzar por tu cuenta a levantar cualquier peso que encuentres. Todo esfuerzo suma, sin duda, pero con la guía adecuada, el trabajo se vuelve más focalizado y efectivo.

Tener disciplina es una habilidad fundamental para lograr éxito en cualquier ámbito de la vida, ya sea en la educación, el deporte, la carrera profesional o cualquier otro proyecto, pues te ayuda a desarrollar hábitos positivos y consistentes, a mantener la motivación y el enfoque en las metas a largo plazo, y a superar los obstáculos y desafíos que se presenten en el camino.

En el ámbito laboral, la disciplina resulta fundamental para sostener la eficiencia y la productividad en el trabajo

Cada problema o situación requiere de un sistema propio y de un análisis profundo de todas sus variables y componentes, además de la identificación de los puntos en que se conectan todas sus partes, para que sea congruente con los demás aspectos de nuestra vida.

Jim Rohn

Este empresario estadounidense, autor y conferencista nacido en la década de mil novecientos treinta, sostiene que la disciplina consiste en hacer lo necesario, incluso cuando no se tienen ganas, manteniendo siempre el enfoque en las metas y prioridades. Además, resalta la importancia del autocontrol constante, de evitar la procrastinación y de tomar decisiones basadas en principios y valores personales, en lugar de dejarse llevar por las emociones del momento. La disciplina, dice Rohn, no sólo se aplica a las grandes tareas o proyectos, sino también a los pequeños detalles de la vida diaria; al tiempo que afirma que está estrechamente vinculada con una mentalidad positiva, ya que cultivar una actitud optimista fortalece la capacidad de ser disciplinado.

Santa semana

Haz memoria y piensa cuál ha sido tu peor semana en lo que va del año. Ahora anota todo aquello que consideras que hiciste mal.

Mes	Mi peor semana	Cosas que hice mal

Ahora que eres consciente de que las cosas pudieron haberse hecho de una mejor forma, organiza en el siguiente calendario cuál habría sido el orden ideal durante esa semana complicada.

Mes	Semana	Orden ideal

Lo que no se mide no se puede mejorar, y aunque suene extraño, ansioso o incluso exagerado, es necesario que, como persona, establezcas indicadores clave de rendimiento —Key Performance Indicators, KPI— que te permitan dimensionar tus avances en cada aspecto de tu vida; si uno de tus objetivos era caminar al menos cuatro días a la semana y observas que lo hiciste únicamente dos veces, estos indicadores te mostrarán dónde estás fallando, o si habías planeado tomar tres cursos en el año y apenas te inscribiste a uno, sabrás que hay un propósito que estás empezando a descuidar. Cada área de tu desarrollo debe estar claramente definida, y deberás ser capaz de medirla.

¿Cómo? Con disciplina

El tema de las relaciones públicas es muy claro para ilustrar de qué hablamos cuando hablamos de disciplina, pues en las ventas se convierte en algo muy delicado, que exige que, incluso cuando exista un excelente trato personal, siempre prevalezca el profesionalismo. ¿Cuántos gerentes de ventas conocemos que gastan el dinero de la empresa pagando borracheras a sus clientes que, no obstante, no se traducen en mayores ventas? Es necesario tener un espíritu disciplinado para no caer en estos errores, pues ese gerente no será visto como un profesional y, cuando deje la empresa y busque apoyo, nadie lo tomará en serio. Se hará manifiesto que los compradores sólo lo adulaban para comer y beber gratis, aunque eso significara cimentar su reputación de fiestero y borracho.

Es muy importante tener claro el propósito de cada acción y mantener una relación disciplinada y respetuosa que te permita estar siempre informado y atento.

Métodos

Para alcanzar cualquier objetivo es necesario establecer un programa de acciones con fechas definidas y ejecutarlas conforme a ese plan. No puedo negar que, como todos, muchas veces me distraigo; sin embargo, la clave está en recordar que lo peor en la vida es rendirse por decepción, y no porque realmente resulte imposible cumplir el objetivo. La disciplina te permite descubrir cualidades y aptitudes que al principio no son evidentes, pero que, con el tiempo, aprendes a reconocer y disfrutar como resultado de haber actuado con un método bien pensado.

Retos

Uno de los retos más importantes a los que me he enfrentado —y que logré superar con disciplina— fue trabajar y estudiar al mismo tiempo. A partir de entonces, la constante en mi vida ha sido prepararme de manera continua en distintos ámbitos, y uno de esos esfuerzos ha consistido en cursar un diplomado cada año. Así, en mi trayectoria profesional y formativa de más de tres décadas, he completado 22 diplomados en áreas tan diversas como técnicas de negociación, cierres de venta y formación como mentor; todo como parte de un proceso en el que, gracias a mi actitud, he podido romper paradigmas; con la visualización, adquirí una nueva casa; por mi mentalidad competitiva, he defendido mis ideas ante todo tipo de personas, mientras que con el pensamiento exponencial he desarrollado y hecho crecer negocios exitosos tanto en mi país como en el extranjero. Hoy puedo decir con satisfacción que la clave de todo ha sido la disciplina.

Si se trata de compartir secretos para cultivarla, te diría que uno de los principales consiste en tener la capacidad de decir no: no a las distracciones, a los excesos, a la procrastinación, a la desidia, a la ignorancia, a la zona de confort, a poner las necesidades de otros por encima de las mías, al miedo y a todo aquello que te aleja de tus objetivos.

No olvides que tú eres la única persona que puede otorgar el valor y la importancia a aquello que debes hacer

Firmeza

La disciplina va acompañada de una firme capacidad de elección para poner tus planes por encima de cualquier otra cosa, pues la tentación siempre está presente, susurrándote que la desidia es mejor, que el camino fácil es el adecuado, que las necesidades de otros son más importantes, que la corrupción deja más beneficios, y así sucesivamente. Las personas que destacan renuncian a muchas cosas que, al final, no son relevantes, sino simples distracciones.

Hace más de veinte años, cuando no existían las herramientas que tenemos hoy y tampoco contaba con la experiencia que ahora poseo, mi manera de disciplinarme surgía de la intuición: siempre prioricé cumplir mi palabra; si decía que iba a hacer algo, lo asumía como un compromiso firme y no descansaba hasta verlo realizado. En ese entonces, mi hora de entrada nunca fue a las nueve de la mañana, siempre procuraba llegar un par de horas antes, porque ese tiempo, antes de que llegara todo el equipo, lo aprovechaba para revisar, planear, proponer y programar. Del mismo modo, no me iba a casa sin haber concluido todo lo que me había marcado como objetivo para ese día. No me regía por un horario, sino por el compromiso que había adquirido conmigo mismo.

La disciplina no te aparta de lo que disfrutas hacer; por el contrario, si planeas cómo usar tu tiempo, podrás incluir el descanso, los momentos con la familia o la pareja, el deporte, el estudio, la lectura, los amigos o las series en streaming, sin descuidar ni postergar tus obligaciones. Por experiencia propia, te recomiendo integrar dentro de tu rutina diaria actividades lúdicas que te entretengan, te diviertan y al mismo tiempo te enriquezcan.

Por ejemplo, cuando daba clases y les preguntaba a mis alumnos —licenciados o maestros en Administración— cuáles eran sus objetivos, todos respondían con temas relacionados con su empresa o con negocios, pero nunca mencionaban ser felices, tener nietos, viajar por el mundo o retirarse a los sesenta años. ¡Nadie! Y, en realidad, son deseos válidos y profundos que muchas personas compartimos, pero que no siempre nos atrevemos a expresar.

Por eso, lo primero es reconocer nuestra necesidad de esparcimiento y, lo segundo, incluirla de manera consciente en nuestra agenda. Te comparto que a mí me gusta cantar, y dentro de mi rutina está ensayar todos los lunes; cada inicio de semana, de siete a ocho de la noche, canto, y ese espacio está reservado en mi agenda todo el año. De igual forma lo he hecho con la bicicleta de montaña, el golf, las caminatas, el boliche y las comidas familiares, y así todas esas actividades están programadas, porque forman parte de mis objetivos: mantener buenas relaciones familiares y personales, aprender, desarrollarme e incrementar mi cultura. Si consideras estos anhelos como parte de tus objetivos, podrás establecer acciones concretas que te conduzcan a lograrlos.

A título personal: el gas

Viví dos etapas en la industria metalmecánica: la primera entre 1990 y 1997, y la segunda de 2003 a 2007, cuando regresé de trabajar en Brasil. Volví con una experiencia bastante desarrollada para hacer negocios de manera virtual, sin tantos recursos, sin largas filas ni tanta infraestructura como normalmente se pensaba, pues comprendí que las oficinas o los puntos de venta están en los distribuidores, y que existen distintas formas de impulsar negocios y productos.

Esta vez, me centré en otra parte del negocio de los fierros: los tanques para gas LP. En México, estamos acostumbrados a usar y reutilizar durante años los cilindros de gas y así, en todo el país, el grito de "¡el gaaaas!" forma parte del folclor de nuestras calles. Durante décadas, los camiones repartidores han recorrido avenidas y callejones por igual, aunque el uso de tanques estacionarios ya está muy extendido, sobre todo en nuevos condominios y construcciones.

Antes de 1995, Pemex era la única empresa autorizada para construir, operar y ser propietaria de gasoductos, y tenía también la exclusividad de la producción, importación, exportación y comercialización de gas natural en territorio nacional. No obstante, a partir de esa fecha y con el argumento de impulsar una política de aprovechamiento de gas natural, las reglas comenzaron a cambiar.

En Estados Unidos, por ejemplo, es posible comprar pequeños tanques de gas para parrilladas o actividades similares y, cuando se terminan, simplemente se desecha el depósito, algo impensable en nuestro país, donde uno prácticamente se casa, se divorcia y se muere con los mismos tanques, convertidos ya en miembros de la familia, o al menos los ve circular por la misma zona, como ese vagabundo que un día duerme aquí y al otro en la siguiente cuadra, pero que todo el mundo conoce.

En un mercado como el mexicano, donde incluso los tanques estacionarios son reliquias familiares, podría parecer que venderlos nuevos no es negocio, pero con disciplina y constancia siempre se encuentra la manera.

Un vendedor, un hombre de negocios o un emprendedor
abre mercado, plantea estrategias y aprovecha
el contacto con el cliente para ser creativo

El objetivo era vender nuestros productos en el sureste del país, en volúmenes significativos que justificaran el gasto de movilidad, ya que teníamos que transportar grandes plataformas de tráileres, pues mover el entarimado lleno o con un solo tanque generaba los mismos costos. Si lográbamos que un cliente nos comprara cinco tanques, otro cuatro y otro seis, la logística se optimizaba, y para eso diseñamos estrategias que permitieran convertir a los distribuidores en exclusivos, por ejemplo, ampliando su margen de crédito. Pude haberme rendido y decir a mis jefes que ese mercado no era para nosotros y que era mejor quedarnos en nuestra zona de confort, argumentando que los clientes sólo compraban entre dos y seis piezas; sin embargo, les propuse invertir en desarrollar ese mercado, porque su potencial era extraordinario.

Pusimos una fuerza de ventas disciplinada en la zona para que nuestros clientes compraran exclusivamente nuestra marca, mientras nosotros nos comprometíamos a ampliar el mercado y así incrementar el nivel de desplazamiento con pedidos mensuales de distintos modelos que permitieran optimizar el flete.

Mantuvimos brigadas de ventas durante dos semanas al mes, dedicadas a prospectar constructoras, hoteles y unidades habitacionales, con el objetivo de sustituir los cilindros portátiles por tanques estacionarios.

El crecimiento fue notable; el desplazamiento de unidades aumentó porque a nuestros clientes les funcionó la estrategia que implementamos. A pesar de que las gestiones más comunes consisten en poner un promotor en las tiendas durante un tiempo —a veces a una joven que baila y canta, pero que no sabe nada de ventas—, quien entrega un folleto y ofrece una breve explicación al cliente de paso, nosotros fuimos directamente con el cliente final para convencerlo de acudir al ferretero a adquirir el tanque. El cliente incluso llegaba con un cupón de promoción, dejando un pago al ferretero con un margen mayor por la cantidad de unidades adquiridas.

Logramos cubrir una región que no teníamos atendida. La relación con los clientes era excelente, al grado de que cuando viajaba a Mérida o Cancún, siempre me recibían con invitaciones a comidas y celebraciones porque estaban contentos con sus ganancias.

La estrategia se basó en impulsar el mercado, gestionar directamente con el cliente final y mantener una relación cercana con los ferreteros, entendiendo sus necesidades. Por otro lado, fue fundamental llevar un seguimiento administrativo disciplinado de los pagos; al mismo tiempo que gestionábamos las ventas, llevábamos control del inventario para saber cómo se desplazaba el producto y, de esta manera, justificar una posible ampliación de los plazos de pago, según las temporadas del año que pudieran ser más bajas.

Cada idea brillante, cada esfuerzo y cada sacrificio pueden transformarse en una historia de éxito si se acompañan de disciplina, más disciplina y muchísima disciplina

Toda esa planeación pude desarrollarla gracias a catorce años de experiencia en distintas industrias. Es decir, no importa si cambias de giro: el conocimiento, la disciplina y los buenos hábitos te acompañan a donde vayas.

Considera la disciplina como un eje fundamental de ejecución que facilitará la manera de atender tus actividades. Ponte frente al espejo, recuérdate lo que debes hacer y hazlo sin miedo.

Octadecágono de la Disciplina

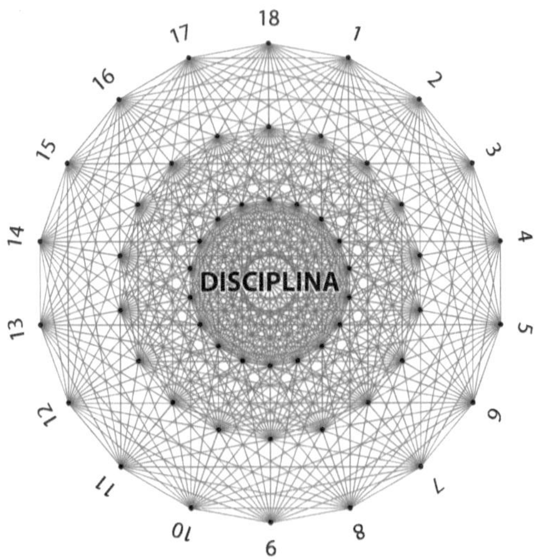

18 Efectos para mantener una buena disciplina

1. Administras tu tiempo
2. Aumentas tu consistencia
3. Controlas tu progreso
4. Cumples tus objetivos
5. Disminuyes tu estrés
6. Dominas tu agenda
7. Eliminas tus excusas
8. Te enfocas sin distracción
9. Eres más confiable
10. Fortaleces tu enfoque
11. Ordenas tus prioridades
12. Planificas tus días
13. Priorizas lo importante
14. Respondes con rapidez
15. Eres más puntual
16. Eres tu propio ejemplo
17. Sigues una rutina
18. Sostienes buenos hábitos

CAPÍTULO VI

SISTEMATIZACIÓN

A finales del siglo XIX, la humanidad dio un salto importante en materia técnica: como resultado de la Revolución Industrial, muchas personas se movilizaron, abandonaron los cultivos y se trasladaron a las ciudades en busca de empleo en las nuevas fábricas. La mecánica tomó el control del mundo, no sólo en las líneas de producción, sino en el pensamiento y en la filosofía económica y social.

Esta revolución dio origen, además, a nuevas ramas de estudio, como mi carrera: la Ingeniería Industrial, pues al nacer la producción organizada, los procesos comenzaron a optimizarse mediante ciclos, rutinas y orden. Como ya habrás notado a estas alturas, este libro sigue este espíritu, pues tiene como objetivo central ofrecerte herramientas que te faciliten el camino para cumplir tus objetivos, alcanzar tus sueños y lograr ideales de éxito y superación, incluso aquéllos que, por tus creencias o por lo que te han dicho desde que naciste, parecerían inalcanzables.

En este sentido, te diré que la sistematización consiste en crear mecanismos para que todo funcione correctamente, de manera que, al levantarte, ya tengas parte del camino recorrido: desde elegir la ropa que vas a usar hasta preparar los argumentos para una reunión de negocios. Se trata de organizar tus procesos de forma casi automática para poder ejecutarlos con eficacia,desde los más simples, que consumen tiempo sin que lo notes, hasta los más complejos, que naturalmente ocupan una gran parte de tus actividades diarias.

¿Cómo gestionas tu tiempo, tu esfuerzo, tu dinero y tus conocimientos para convertir tu vida en algo extraordinario?

Autómatas

Ciclos, rutinas y orden: son conceptos que, de manera más o menos explícita, hemos tratado en este libro, al hablar de disciplina, visualización, pensamiento exponencial y, en general, todos los temas que son tan importantes para un BlackSeller. Si no existe orden en tu vida, será muy complicado lograr una transformación positiva completa. A veces emprendemos un sueño, pero, aunque insistimos una y otra vez, no termina de concretarse; pensamos en los números, en las estrategias, en la publicidad, en todo, pero nada sucede. ¿Te has detenido a reflexionar si quizás toda esa estructura se sostiene sobre una mala sistematización? Al final, puedes lograr que algo tan mecánico o tedioso como el trabajo se convierta en un estado de felicidad. Si en este momento tu entorno no es favorable para ti ni para tus metas, ¿por qué no lo cambias? Tal vez pienses que es tu única oportunidad, temes que si la dejas no habrá algo mejor, o que no puedes hacer otra cosa, pero todo es posible si tienes un orden adecuado.

Pensemos, por ejemplo, en alguien que trabaja como capturista y cree que nunca encontrará otro empleo similar. Comencemos por analizar, ¿qué otros trabajos se parecen? Tal vez podría explorar áreas como la programación, y si no sabe programar, el siguiente paso sería tomar un curso, y aunque ante esta posibilidad, una persona con actitud negativa respondería: "oye, el curso cuesta", alguien proactivo podría decir: "en internet, en YouTube, en Google o en la UNAM hay cursos gratuitos para aprender cualquier cosa". Ya sólo necesitaría, entonces, establecer rutinas que le permitieran cursar todos los estudios que quisiera, pues si son gratuitos, ni siquiera la falta de recursos sería un pretexto. Si existe un esfuerzo por aprender nuevas habilidades, y un cambio consciente en las rutinas, llega el reconocimiento, y con él las circunstancias comienzan a transformarse.

Una vez que estableces tus procesos y ciclos, puedes llevarlos a cabo y evitar desviaciones, pero, sobre todo, el desenfoque. Sin embargo, ¿por dónde empezar?

Partamos de un ejemplo común y, podría decirse, hasta trivial. Cepillarse los dientes es uno de los hábitos que realizamos de forma más automática, sin embargo, puede pasar que, al entrar al baño para llevar a cabo esta sencilla actividad, se encuentre uno con un desorden impensable. ¿Dónde está la pasta? ¿Y el hilo dental? ¿Dónde dejé mi cepillo profiláctico? ¿Este es mío o de mi hijo? ¿Será de mi esposa? Y así, al poner un poco de atención, resulta que todos los cepillos son del mismo color, azul, y tienen el mismo tamaño, por lo que se pierde tiempo en adivinar cuál es el propio.

Sí, sé que parece una exageración y seguramente pensarás que nadie debería tener este problema, pero si, por ejemplo, en una familia de cuatro personas cada cepillo estuviera marcado con barniz o un color distinto, bastaría un solo vistazo para identificar cuál corresponde a cada quien. Los ejemplos podrían continuar y nos tomaría muchas páginas enumerarlos todos: ¿dónde está el jabón, el rastrillo, la crema para afeitar, el perfume, el desodorante…? Este tipo de situaciones, más frecuentes de lo que creemos, ocurren simplemente porque no hay un lugar asignado para cada objeto.

La solución a este tipo de problemas es la sistematización, que permite que cada cosa, de manera mecánica o manual, se encuentre siempre en el mismo sitio, ya sea físico o virtual. Por ejemplo, si tengo cinco áreas de negocios y una sola computadora, ¿dónde guardo mis archivos? ¿Cómo puedo encontrar con facilidad la información que necesito? La respuesta es tan sencilla como crear una carpeta para cada área de mis negocios o de mi vida, y dentro de ellas, subcarpetas nombradas o etiquetadas de forma ordenada que hagan más ágil la búsqueda de cualquier documento. Encontrar la información a tiempo te ahorrará muchos dolores de cabeza, pues imagínate que llegas media hora tarde a una reunión sólo porque no localizabas el archivo con la presentación que ibas a mostrar. De igual manera, hay personas que cotidianamente pierden tiempo buscando sus zapatos, la corbata o incluso las llaves del auto, por eso, debemos recordar que la sistematización puede aplicarse a todas las áreas de nuestra vida. Algunos autores, como Mike Michalowicz, señalan que debemos convertirnos en una maquinaria bien aceitada, eficaz y organizada.

Hay que tener cuidado con estos términos, porque no es lo mismo contar con una serie de procesos bien definidos, rutinas sólidas y disciplina firme, que convertirse en un robot con una programación limitada.

Durante el Renacimiento, muchos inventores ingeniosos crearon máquinas autómatas con mecanismos muy precisos que, por ejemplo, hacían que un muñeco tocara una melodía en un instrumento, si bien hay que decir que el artefacto en cuestión no podía componer una pieza musical. Por otro lado, Pablo Picasso, uno de los más grandes pintores de la historia, acuñó una gran frase: "Si llegan las musas, que te encuentren trabajando"; es decir, que los golpes de inspiración pueden no servir de nada si no existe un método disciplinado para organizar tus actividades. Seguramente Mozart, Beethoven y todos los prodigios de la composición contaban con procesos bien definidos para crear, pues no todo puede depender del soplo divino o de las musas.

Un BlackSeller es, antes que cualquier otra cosa, un ser humano: alguien sensible, inteligente y con capacidad de intuición. Estas virtudes marcan la diferencia entre un autómata y un gran compositor, y también entre una persona exitosa y el burro que tocó la flauta por casualidad.

Sistema humano

Los sistemas pueden aplicarse en cualquier actividad para mejorarla, no importa que sea el trabajo, el estudio o hasta el deporte. A lo largo del siglo XX se han desarrollado distintos métodos para crear sistemas que permitan dar el siguiente paso y, para ello, ha sido fundamental la automatización de procesos. Por esta razón, es importante que consideres la sistematización como una herramienta esencial para lograr el éxito en tu vida.

Si diseñas y estableces un sistema, podrás alcanzar tus objetivos de una forma mucho más sencilla

Una vez más te recuerdo que no eres un robot y que nadie espera que te conviertas en uno, al contrario: la automatización en un BlackSeller debe ser humanizada, intuitiva, flexible e incluso espiritual. Además, debe construirse a través de hábitos, rituales, buenas costumbres, y una salud mental y física que permitan improvisar sin poner todo en riesgo; que hagan posible visualizar dentro de los límites de la realidad; que permitan soñar, pero con los pies en la tierra, y que nos impulsen a desear el futuro, siempre a través de pequeños cambios constantes.

Procesos

La sistematización, básicamente, consiste en establecer procesos claros, repetibles y medibles que permitan optimizar y mejorar las actividades de manera continua, ayudándote a ser más eficiente, a elevar tu productividad y, en consecuencia, a escalar todas tus acciones para alcanzar el éxito.

La sistematización te lleva a funcionar de manera más práctica, más ordenada y más simple. Puedes aplicarla en el trabajo, en el estudio o incluso en tus relaciones personales. Si tienes bien ubicadas las cosas de tu día a día en un lugar específico, y si ayudas con tu ejemplo a que todos a tu alrededor lo hagan, te será mucho más fácil realizar bien tus actividades. El primer paso es crear un procedimiento para cada actividad: ir al gimnasio, llegar a la oficina, visitar a un cliente, tomar un curso o asistir a una reunión personal; si reflexionas sobre cada una de estas acciones, podrás identificar los errores o problemas más comunes, por ejemplo, que se te haga tarde porque no revisaste si tu automóvil tenía suficiente gasolina y tuviste que parar en una gasolinera en hora pico, perdiendo más tiempo del previsto.

Si no planificas cuándo cargar gasolina o a qué hora salir de casa, afectarás tus tiempos, tu organización y, en consecuencia, tu productividad.

A esto se le conoce como "mapear tus actividades", y su realización te ayudará a aclarar el camino que debes seguir. La sistematización implica crear procedimientos, políticas y manuales que describan con detalle cómo se deben realizar las tareas, quiénes son los responsables de cada una y cuáles son los criterios de calidad que se deben cumplir, además de que puede incluir el desarrollo de herramientas y recursos que faciliten la ejecución de esas tareas, como un software especializado en listas de cotejo o *checklists*.

La sistematización puede ser muy útil para mejorar la eficiencia y la calidad de las actividades y procesos. Si cuentas con un sistema bien definido, reduces la probabilidad de errores y facilitas la capacitación de nuevos empleados. Además, podrás monitorear el desempeño y los resultados obtenidos, facilitando la realización de ajustes y mejoras de manera continua.

La sistematización es un proceso de organización y documentación que ayuda a llevar a cabo las tareas de forma más eficiente y efectiva, y puede convertirse en una herramienta muy valiosa para incrementar la calidad y la productividad dentro de una organización. Sin embargo, tanto en el trabajo como en la vida diaria, es importante entender que no se debe llegar a los excesos: una sistematización excesiva puede convertirse en una obsesión compulsiva, y no se trata de eso, sino de hacer tu vida más placentera, más eficiente y de invertir tu tiempo en lo que realmente vale la pena. Por ejemplo, dedicar veinte minutos a escuchar un concierto, esos veinte minutos que tienes libres porque son fruto de haber optimizado tu día, y que no perdiste buscando las llaves o los calcetines.

A la deriva

¿Cómo serás una persona exitosa si, al llegar a la cumbre, te das cuenta de que sólo conquistaste la colina en la que serás crucificado? Ya unas páginas atrás te mencioné esa frase atribuida a Séneca de que "no hay viento favorable para el que no sabe a dónde va", pero ahora yo agregaría que tampoco hay viento favorable para quien no define una secuencia de acciones que, de manera rutinaria y constante, debe realizar para alcanzar esa meta. Eso es, básicamente, sistematizar. Cristóbal Colón se embarcó buscando una ruta hacia las Indias y terminó encontrando América, ¡qué bien por él!, pero ese fue un hecho fortuito que ocurre una vez en un millón. Nosotros, los BlackSellers, no podemos andar dando palos de ciego ni ir a la deriva sin un objetivo claro en mente.

Imagina que tienes una gran actitud y una disciplina de hierro, pero, si te preguntan hacia dónde vas, no sabes qué responder: eso es un desperdicio de talento, tiempo y esfuerzo. Para evitar esta situación, puedo contarte que, recientemente, implementé un espacio diario para no hacer nada, siguiendo la filosofía que plantea Robin Sharma en su libro de 2018, *El club de las 5 de la mañana* (que, como puedes imaginar, propone despertarse todos los días a esa hora). Así, establecí que las tres primeras horas del día serían exclusivamente para mí, y por recomendación de un gran amigo, dedico media hora de ese tiempo sólo a pensar, y puedo reflexionar, dormitar o simplemente dejar mi mente en blanco, pero tengo claro que es un espacio para abstraerme. No todos los días surgen pensamientos o ideas que cambian el mundo o nuestra vida; en mi caso, la mayoría de las veces me distraigo, medito o reflexiono, sin grandes revelaciones, sin embargo, en ese tiempo han surgido las mejores ideas de mi vida, aquéllas que realmente me han transformado y me han dado claridad sobre hacia dónde dirigirme. En esos periodos he tomado decisiones fundamentales sobre mi estilo de vida, mis conocimientos, cultura, educación, relaciones, networking, estrategias comerciales y mucho más, y gracias a ello, cuando llego a la oficina, empiezo a trabajar con ideas aterrizadas y una visión clara. Este es el método que he encontrado para reconocer todos los caminos que se abren ante mí.

Está bien lanzar tu barco a la aventura, pero
siempre debes saber dónde está el norte

Para destacar en cualquier actividad se requieren, al menos, diez mil horas de práctica, y para conseguirlo necesitas organizar tu día y, al programar y ejecutar esas horas, seguir un sistema que sea coherente con tus capacidades y circunstancias. (Por supuesto que esa cantidad de horas es una cifra retórica, así que no pierdas tiempo en contarlas.)

John Calvin Maxwell

Este escritor y conferencista estadounidense enfatiza la importancia del desarrollo personal y el liderazgo, y sobre este tema ha desarrollado numerosos principios, como el trabajo en equipo, la comunicación efectiva y la delegación de responsabilidades. También resalta la relevancia de la planificación estratégica para alcanzar los objetivos organizacionales y promueve la creación de equipos sólidos y la formación de líderes competentes, lo cual puede implicar definir roles y responsabilidades de manera clara, capacitar al personal y fomentar una cultura de colaboración y aprendizaje continuo. De esta manera, la sistematización se convierte en una herramienta esencial para gestionar y organizar los procesos, con el objetivo de maximizar la eficiencia y el crecimiento de una organización.

Engranaje

Piensa en tres aspectos de tu vida que, en apariencia, podrían parecer opuestos, por ejemplo: el trabajo, la espiritualidad y el ejercicio.

Mes	Semana	Orden ideal

Ahora, diseña un sistema que te permita mejorar, de manera individual, cada uno de estos aspectos.

Aspectos de tu vida:	Ejemplo: trabajo	Ejemplo: espiritualidad	Ejemplo: ejercicio

¿Qué te parece si ahora logras que estos tres procesos funcionen como engranes de un solo sistema? Escribe aquí una posible estrategia.

Cómo lo harías:

Tan sencillo como un estándar

Si eres aficionado o aficionada al jazz y conoces a músicos como Ella Fitzgerald, Cole Porter o Miles Davis, seguramente has escuchado la palabra "estándar", que en este contexto se refiere a una base armónica y rítmica definida sobre la cual se puede improvisar sin dificultad. Del mismo modo que los músicos determinan y fijan una progresión armónica con un tempo específico, nosotros podemos hacer lo mismo con los diferentes procesos de nuestra vida cotidiana; así, el concepto de estandarización forma parte de la sistematización y consiste, igual que en el jazz, en definir tiempos y parámetros para actividades específicas, con el fin de cumplirlas de manera más práctica.

Desde luego, la estandarización me resulta muy familiar porque estudié Ingeniería Industrial, que se basa en optimizar tiempos y procesos, así como en establecer estándares para realizar tareas de forma eficiente. Por eso, este puede ser uno de los consejos más útiles y efectivos que puedo compartir contigo para sistematizar tus actividades y procesos.

En el caso de las ventas, el paso más importante es la prospección, es decir, la exploración de posibilidades basadas en la información existente, y contar con un estándar para ello facilita generar más prospectos. El primer paso es tener claro cómo puedes conseguirlos, es decir, identificar las distintas fuentes de prospección. Por ejemplo, podrías reconocer dieciocho fuentes distintas: una de ellas es buscar en LinkedIn; otra, solicitar recomendaciones a tus clientes actuales; también puedes explorar asociaciones u organizaciones donde se reúnan personas con el perfil que buscas, o bien colocar anuncios en la calle, dar entrevistas en radio o publicar artículos en medios especializados. Otra fuente, menos efectiva pero aún utilizada, es hacer un barrido en zonas industriales.

Si tienes claras tus fuentes de prospección, podrás definir cuántos minutos dedicar a cada una. Si cuentas con dieciocho fuentes y decides prospectar treinta minutos en cada una, sumarías nueve horas, y si necesitas cubrir todas las fuentes en una semana, tendrías cinco días para repartir ese tiempo y deberás dedicar dos horas diarias exclusivamente a prospectar. Al asignar un horario fijo para esta actividad e integrarlo en tu agenda, contarás con una prospección sistematizada donde todo está claro: días, tiempo y proceso, lo que enriquecerá tu productividad. Lo mismo puedes aplicar en la revisión de proyectos, el seguimiento de pendientes, la elaboración de reportes, las visitas a clientes, los cursos, etcétera.

Hoy contamos con herramientas que ayudan a sistematizar, como las agendas electrónicas o los sistemas CRM —Customer Relationship Management o Gestión de Relaciones con Clientes—, que sirven para administrar cuentas y prospectos. En ellos, registras información, das de alta un contacto, le asignas una categoría —por ejemplo, "Oportunidad de negocio"— y lo calificas con indicadores de probabilidad alta, media, baja o en proceso. Con este método práctico y sencillo, tienes a tu alcance toda la información de cada prospecto.

Evidentemente, una vez que has comprendido que sistematizar te hará más eficiente, deberás prepararte y estudiar con dedicación, porque la estandarización tiene metodologías, términos, esquemas, diagramas, pasos y procesos específicos. Cuando hayas decidido sistematizar, pregunta a las personas de tu entorno, a las cuatro o cinco con quienes más interactúas, cómo perciben este cambio en ti, ya que en ocasiones sufrimos lo que se llama "ceguera de taller": cuando un procedimiento nos resulta tan cotidiano que dejamos de ver las oportunidades y los riesgos, pero si alguien, con una perspectiva externa, te motiva a seguir, seguirás el proceso con mayor entusiasmo. No olvides que el esfuerzo es el camino hacia el éxito.

A título personal: sistematización y samba

A lo largo de mi carrera, me ha tocado poner en práctica ejemplos muy claros de lo que significa la sistematización. Entre ellos destaca haber coordinado, de manera efectiva y con resultados positivos, la administración de una fuerza de ventas de más de 500 personas, divididas en doce gerencias que me reportaban directamente; una vez analizadas las actividades más relevantes y los puntos clave, diseñé un sistema que contemplara factores como juntas, revisiones, evaluaciones, reuniones personales con clientes y colaboradores, elaboración de reportes, atención de juntas de avance y revisión de diseño de estrategias, es decir, un universo que requería un proceso preciso. Cada factor fue organizado de tal forma que me permitiera estar informado, presente y activo con toda mi gerencia, y al final, se consiguió un sistema que facilitó la administración efectiva de ese equipo.

Ahora voy a contarte otro ejemplo en el que pude diseñar tres sistemas distintos, pero interconectados, para alcanzar la misma cantidad de objetivos: el desarrollo de mercado, la administración de la empresa y el control de las operaciones de comercio exterior. El 11 de septiembre de 2001, el mundo cambió. Los demonios de la guerra regresaron; cambió nuestra manera de viajar, nuestros temores, la confianza en el poder establecido, la forma de ir, de venir, de mirar a los países de medio oriente y de hacer negocios, pero también comprendimos que, pase lo que pase, la vida sigue, el mundo continúa girando y debemos aprender a dar vueltas con él.

Seis meses antes de aquel día, yo había estado realizando una intensa prospección en Brasil, pues ya estaba decidido que mi nuevo trabajo me llevaría a vivir a la tierra de Pelé, el carnaval, la samba y el pão. Precisamente en ese mes de septiembre me mudé con mi familia a Santa Catarina, en el sur de Brasil, una región estratégica por contar con ciertos beneficios fiscales para las importaciones, puesto que entre los veintiséis estados del país brasileño se cobraban impuestos al trasladar materias primas, y el puerto de Itajaí era clave para recibir los productos enviados desde México.

Balneario Camboriú se convirtió en nuestro nuevo hogar, y Praia Central en el paisaje de todos los días. Allí, nuestro estatus de extranjeros nos permitió recibir subsidios para vivienda, automóvil y educación, entre otros apoyos, y dado que entonces un peso mexicano valía el doble que un real brasileño, todo pintaba muy bien. Durante el periodo de planeación de la mudanza me di el tiempo de conocer a personas clave y preparar el terreno para cumplir mi misión: comercializar la levadura mexicana en todo Brasil. Para entonces, ya había contactado a una empresa de comercio exterior, a otra de logística, a la embajadora de México, al director de Bancomext en Brasil y a una buena comunidad de empresarios mexicanos radicados en São Paulo que podían brindarme apoyo. Una vez instalado, organicé mi propia cena de bienvenida con toda esta red de contactos; fue una experiencia muy interesante, porque cuando estás en el extranjero existe un alto grado de empatía entre compatriotas, al punto de que comparten contigo toda su experiencia, sus errores y sus aciertos, para que tu adaptación sea más sencilla y tengas mayores posibilidades de éxito.

Por supuesto que también había prospectado a los empresarios brasileños que invité a esa cena: un productor de harina, un comercializador de levadura y personas clave en la industria panificadora sudamericana.

En esa misma reunión, establecí contacto con dos personas esenciales para el éxito de mi misión, no sólo en Brasil, sino en toda Sudamérica: Brandão, el representante de la empresa más importante de fécula de mandioca en el país, y Oseas, el distribuidor más grande de productos para panificación en São Paulo.

Yo ya había realizado una serie de estudios sobre cuál sería mi promesa básica y el proceso necesario para alcanzarla. Con mi limitado portugués, tenía que lograr explicarles todo con claridad.

Mi amigo Brandão ocupaba un grado muy respetado en la liga brasileña de la escuadra y el compás, y me tomó casi como a un hijo. "Alexandre", me decía, y me pedía que viajara cada semana distancias considerables para reunirnos.

Mi primer hijo ya había nacido y mi esposa, dentista, no podía ejercer su profesión, pero, siendo jóvenes treintañeros, vivíamos aquella aventura con entusiasmo.

Yo buscaba que mi padrino Brandão me ayudara con sus contactos para presentar mi producto en todos los lugares posibles, y la confianza que mi mentor sentía por mí hizo que Oseas también compartiera esa camaradería. Después de las tenidas en su cofradía, ambos me invitaban a las cenas posteriores, lo que me permitía ampliar mi red de contactos, casi sin proponérmelo.

En México me fijaron el objetivo de vender un contenedor de levadura al mes y prometieron un bono si lograba colocar cinco. Luego de hacer algunas pruebas en panaderías, Oseas se decidió: "Mándame tres contenedores", me dijo, "y si esto funciona, me envías seis por mes". ¡Vaya!, con eso cubría lo que habíamos proyectado alcanzar hasta el segundo año, y sólo como prueba inicial. Fue genial.

En el mundo de las ventas y los negocios podemos decir que hay coincidencias, pero esta tuvo su origen en la iniciativa de hacer prospección, buscar a las personas adecuadas y organizar un networking incluso antes de iniciar formalmente el negocio.

Si comparamos la levadura mexicana con la brasileña, veremos que no existía mucha diferencia. Era lo que se llama un *commodity*, un producto con una demanda constante y sin diferenciación cualitativa en su compra y venta; un componente básico de otros productos más elaborados.

Nuestro producto tenía prácticamente un 100% de efectividad, una larga vida útil y todas las características que el mercado demandaba. Sin embargo, contábamos con dos grandes ventajas: una amplia capacidad de inventario disponible para entrega inmediata y un precio que rondaba los 75 reales, mientras que la competencia estaba alrededor de 105.

La carrera hacia el éxito se logra creando
una maquinaria perfecta

Y eso fue lo que hice. En ese entonces hablaba poco portugués, pero entre mi desinhibición, mi entusiasmo y mi mala pronunciación, nos la pasamos muy bien. Pude enseñarles conceptos de ventas y marketing, explicarles los beneficios de nuestro producto y compartirles mis experiencias.

Gracias a estas ventajas, los clientes estaban contentos y yo empecé a vender contenedores, pero en esta vida nada es permanente: el gobierno brasileño cambió y subió al poder Luiz Inácio Lula da Silva. La moneda se devaluó y el país entró en crisis; el real pasó de 2.30 a 4 por dólar. Nuestra levadura, que costaba 75 reales, subió a 130, mientras que la local se mantuvo en 110.

Cuando regresé a México, me propusieron abrir mercado en Sudáfrica, pero mi familia, que seguía creciendo, necesitaba más estabilidad, y una cosa era vivir en Brasil y otra muy distinta mudarnos tan lejos. Decidimos no aceptar la propuesta. Sólo estuve un mes más en esa empresa y, agradecido, volví a casa.

Octadecágono de la Sistematización

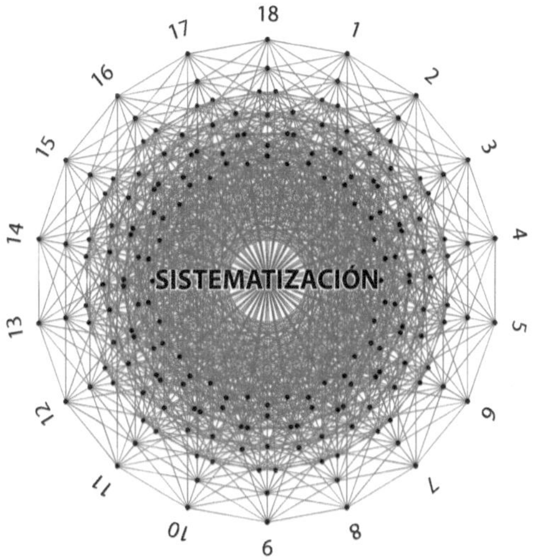

18 Efectos de la sistematización

1. Aumentas tu efectividad
2. Automatizas tus cierres
3. Cierras con método
4. Controlas tus métricas
5. Estabilizas tu *pipeline*
6. Estableces control comercial
7. Ganas más tiempo
8. Integras herramientas útiles
9. Mejoras seguimiento diario
10. Mides cada resultado
11. Organizas tus archivos
12. Priorizas lo esencial
13. Profesionalizas tu proceso
14. Reduces la fricción
15. Reduces errores comunes
16. Repites lo que funciona
17. Revisas tus sistemas
18. Usas plantillas funcionales

CAPÍTULO VII

PEQUEÑOS CAMBIOS CONSTANTES

Con pequeños cambios todos los días, la vida puede transformarse en una aventura increíble y maravillosa, pero debemos tener muy claro qué aprender, qué practicar y qué mejorar. Para iniciar este proceso de optimización continua, lo primero será identificar en qué área queremos renovarnos, y eso se logra por medio de mucha autoevaluación y autocrítica, que nos llevarán a establecer un punto de partida y un objetivo. En este proceso, te recomiendo pedir opiniones, mensajes y consejos a tu círculo más cercano —esas cinco o seis personas de las que ya hemos hablado— sobre cómo podrías mejorar.

El segundo paso consiste en darle forma a estos objetivos o metas mediante una metodología en la que establezcas líneas de ejecución; recuerda que, para los fines de este libro, consideramos el objetivo como el fin último y la meta como la medida cuantitativa que lo materializa. Debemos ser conscientes de que todo nace de un pensamiento, pues lo que se piensa se convierte en acción, la acción se convierte en hábito y el hábito se convierte en un estilo de vida, en tu personalidad, en tu imagen y en tu manera de desenvolverte en el mundo.

Así, todos nuestros pensamientos deben estar dirigidos hacia nuestro objetivo, pues una persona que quiere tener éxito no puede permitirse pensar de manera mediocre ni carecer de ganas y deseos de triunfar, nada de eso: quien aspira al éxito debe cultivar una mentalidad positiva, sobresaliente, competitiva y abierta, que la impulse a aprender, escuchar, entender, capacitarse y promoverse, es decir, a levantar la mano y pedir la oportunidad de ser quien hace que las cosas sucedan.

Resuelve los asuntos uno por uno, no te desesperes;
recuerda: pequeños cambios constantes
que se transformen en un sistema

Si ya tenemos claro que todo nace de un modo de pensar, ahora es necesario convencernos de transformar nuestra vida diaria, pues ésta debe estar formada por una serie de rutinas conscientes. Esto significa, en pocas palabras, tener claridad sobre la hora en que duermo y despierto, cuáles son las actividades que realizo al levantarme, cómo organizo mis tareas personales para preparar mi jornada de trabajo o estudio, y qué información o materiales necesito para ese día en específico.

No te compares con nadie, sólo con tu yo del mañana. ¿Qué aprendiste hoy? ¿Qué cosas nuevas hiciste? ¿Qué aspectos interesantes modificaste? Y, ¿qué son esos pequeños cambios constantes? Son todos los ajustes que puedes realizar en cualquier ámbito de tu vida diaria: en tu conocimiento, tu familia, tus inversiones, tu salud, tu disciplina, tu manera de vivir tu religión, tu espiritualidad, tus emociones, tu dominio técnico y teórico de las ventas, tus productos, el mercado, la competencia, el marketing o las finanzas.

Con todo lo que hemos visto hasta ahora, ya tienes una idea clara de dónde empezar a aplicar estos pequeños cambios sostenidos en tu día a día. Para ejemplificar, todo puede comenzar con sólo quince minutos: quince minutos más de ejercicio, de lectura, de estudio, de estar despierto o despierta, de tiempo para ti, de conversar con tu familia, lo que se te ocurra. El secreto está en mantener constante ese mínimo lapso de tiempo en todas tus rutinas.

Construye tu ser, construye tu hacer y,
como resultado, vas a tener

Muévete, actúa y haz que las cosas sucedan, no te paralices. Hay que actuar. Michael Phelps no obtuvo esas medallas simplemente porque se mentalizó y dijo: "quiero ser el campeón mundial y ganar veinte medallas de oro". No, todos los días entrenó con disciplina para convertirse en el mejor del mundo. Así, te invito a reflexionar sobre las personas que nos rodean, aquellas que en nuestro imaginario consideramos exitosas; si las observas con atención, notarás que se dan tiempo para dormir, descansar, meditar, ejercitarse, alimentarse bien y rodearse de gente que también tiene éxito, porque han aprendido a hacer que las cosas sucedan gracias a un mejor estilo y calidad de vida. Para llegar a un nivel similar, debemos apoyarnos en herramientas y recursos que nos ayuden a transformar nuestro día a día, como cursos en línea, plataformas de libre acceso, tutoriales o aplicaciones que brinden orientación profesional para mejorar nuestras aptitudes, actitudes, capacidades y técnicas.

Incluso, contamos con instrumentos que, aunque existen desde el siglo pasado, a veces pasan desapercibidos, como el Diagrama de Gantt, llamado así por el ingeniero mecánico Henry Gantt, quien lo adaptó y popularizó a partir de un modelo del economista polaco Karol Adamiecki. Esta herramienta gráfica (que puede conseguirse fácilmente en internet) sirve para registrar el tiempo que destinaremos a cada tarea durante un periodo determinado, describiendo nuestros objetivos de forma calendarizada y estableciendo los plazos que debemos cumplir. Así, conforme avancen los meses, podremos saber si realmente progresamos hacia la consecución de nuestras metas.

Un método posible

En *El discurso del método*, René Descartes señala, a grandes rasgos, que para crear un sistema eficaz, una verdad, se necesitan cuatro pasos:

1. No admitir nada como verdadero sin contar con evidencia, es decir, dudar.
2. Dividir cada cuestión en tantas partes como sea posible.
3. Resolver cada una de esas pequeñas partes para después abordar lo más complejo.
4. Reunir todas las soluciones, cuidando de no omitir nada.

Estos pasos, que parecen tan sencillos, en su tiempo revolucionaron el pensamiento científico y filosófico. En la filosofía del BlackSeller, los resumimos como pequeños cambios constantes. Las personas que trabajamos en ser mejores en lo que hacemos somos más adaptables y logramos ajustar con mayor facilidad nuestras estrategias y actitudes, porque entendemos que la mejora constante es un estilo de vida.

Para ser una persona de ventas sobresaliente y alcanzar resultados exitosos, tienes que conocer tu producto a la perfección y dominar toda la información que lo rodea, como las tendencias del mercado, sus sustitutos, la competencia, sus características, ventajas, beneficios, garantías, usos, aplicaciones, potenciales y un largo etcétera. Y no sólo eso: también debes conocer y aplicar técnicas como cierres de venta, storytelling y generación de leads, entre muchas otras. Aunado a esto, debes ser una persona que genere confianza, lo cual se logra a través de un crecimiento espiritual, emocional y físico, y por si fuera poco, también es necesario que cuentes con amplios conocimientos administrativos y financieros. ¿Suena abrumador? No tanto, porque ya te he dado las claves para comenzar un proceso de transformación constante: la primera es ser persistente y perseguir tus ideales y tus sueños, para lo cual debes aprender a ser paciente, pues la paciencia, hoy en día, es una de las mayores cualidades para convertirte en una estrella, además de que te ayuda a comprender que los cambios no ocurren por arte de magia, sino gracias a estos pequeños pasos que te llevarán a convertirte en una mejor versión de ti.

Relojero

Para que se muevan las manecillas de un reloj, es necesaria cada pieza del mecanismo, y para que todo funcione con precisión, es fundamental optimizar cada detalle. Esa es la mejor manera de transformar tu vida y hacer crecer tu negocio, tu bienestar, tus ventas y tus objetivos. Puedes llegar a lugares inimaginables si implementas este pensamiento como tu filosofía de vida; es una forma extraordinaria de hacer que las cosas sucedan y la manera más sencilla de lograr cualquier meta y convertirte en un mecanismo que siempre marca la hora exacta.

Piensa en todas esas ocasiones en la historia en que el rumbo del mundo cambió por un segundo, por un titubeo o por dejar todo para más tarde; imagina que, por un breve descuido y por tener que imprimir algo a última hora, dejaste pasar el autobús donde viajaba el gran amor de tu vida; o quizá esos dos segundos que perdiste buscando las llaves de tu casa te impidieron conocer al directivo más importante de la empresa de tu sector. Si hubieras tenido todo listo, en el momento adecuado, tu mundo sería distinto, por eso, cambia tus hábitos y tus paradigmas para estar siempre puntual en el lugar correcto.

Jaque al rey

Cuenta *El libro de los reyes*, un texto persa del siglo XI, que un inventor llamado Sisa se presentó ante el brahmán Rai Bhalit. Era un sabio vestido con modestia que vivía gracias a los medios que le proporcionaban sus discípulos, y a quien el rey había encargado inventar un juego para su entretenimiento y exclusivo placer.

—Sisa, quiero recompensarte dignamente por el ingenioso juego que has creado —dijo el rey.

El sabio contestó con una inclinación.

—Soy lo bastante rico como para poder cumplir tu deseo más elevado —continuó el monarca—. Fija la recompensa que te satisfaga y la recibirás.

Sisa permaneció en silencio.

—No seas tímido —lo animó el rey—. Expresa tu deseo. No escatimaré nada para satisfacerlo.

—Grande es tu generosidad, soberano, pero concédeme un breve plazo para meditar mi respuesta. Mañana, tras reflexionar, te comunicaré mi petición.

Al día siguiente, Sisa se presentó de nuevo ante el trono y dejó maravillado al rey con su petición:

—Soberano —dijo Sisa—, ordena que me entreguen un grano de trigo por la primera casilla del tablero de ajedrez.

—¿Un simple grano de trigo? —contestó sorprendido el monarca.

—Sí, soberano. Por la segunda casilla, manda que me den dos granos; por la tercera, cuatro; por la cuarta, ocho; por la quinta, dieciséis; por la sexta, treinta y dos, y así sucesivamente.

El brahmán aceptó complacido, sin calcular que esto equivaldría a trillones de granos de trigo, muchos más de los que producía todo el reino y, tal vez, más de los que nuestra mente puede imaginar.

Si transformamos poco a poco cada elemento de nuestra vida, lograremos cosas extraordinarias, porque podremos crecer en cada ámbito de nuestra personalidad todos los días. Para conseguirlo, por supuesto, necesitamos actitud, disciplina, visualización y paciencia, virtudes que requieren de una tierra fértil para que sus semillas germinen.

Virtudes

Una virtud, en el sentido filosófico, es la energía necesaria para que las cosas sucedan, y eso es lo que quiero que descubras en este libro. Aquí hemos mencionado la disciplina, la capacidad de visualizar y la actitud, entre muchas otras, y todas son virtudes que hacen que las cosas pasen. Si a ellas sumamos la paciencia, nuestro arsenal de cualidades crecerá y nos ayudará a convertirnos en mejores seres humanos.

Cuando se implementan pequeños cambios constantes con miras a un gran objetivo final, existe el riesgo de desanimarse al no alcanzar las metas propuestas. Lo importante es ser consciente de que el trabajo nunca es en vano: si no se logra lo que se esperaba, al menos se está en el camino correcto, porque cada mínima acción, por insignificante que parezca, te acerca a un círculo virtuoso de acciones positivas.

Las grandes cosas se construyen por medio de partes pequeñas: una casa, de ladrillos; un auto, de sus piezas; un texto, de palabras; una pareja, de momentos mágicos, y un ser humano, de virtudes.

¿Cuál es la piedra angular sobre la que estás construyendo tu vida?

Por supuesto que somos la suma de nuestra educación, nuestras creencias, dolores, alegrías, de lo que aprendemos de las personas que nos rodean y de los medios de comunicación; incluso somos producto del tiempo que nos tocó vivir. Todo esto puede ser catastrófico o maravilloso, depende de lo que hagas con cada experiencia.

No sólo cambies acciones, transforma también la forma en que vives cada una de esas pequeñas cosas y circunstancias que vienen del exterior. La manera más adecuada de hacerlo es apoyándote en tus virtudes.

Darren Hardy

Hardy —uno de los autores más vendidos del *New York Times* y editor de la icónica revista *Success*— sostiene que los pequeños cambios, cuando se mantienen de manera constante y se combinan a lo largo del tiempo, pueden generar resultados masivos. Al igual que el interés compuesto en las inversiones, los esfuerzos continuos pueden acumularse y multiplicarse hasta producir resultados sorprendentes. La clave está en la constancia.

Nuestras decisiones diarias, incluso las más pequeñas, tienen un impacto acumulativo en nuestra vida, por lo tanto, es fundamental asegurarnos de que estén alineadas con lo que deseamos lograr. Hardy advierte que los resultados a largo plazo no se alcanzan de la noche a la mañana, sino mediante cambios sostenidos realizados con el tiempo; por ello, es importante mantener la paciencia y la persistencia, incluso cuando los avances no sean evidentes de inmediato. El enfoque a largo plazo es esencial para cosechar los beneficios de los pequeños cambios.

Quienes hemos vivido una transformación personal de manera positiva sabemos que recorrer este camino requiere ir paso a paso. Darren Hardy y James Clear —también autor y conferencista reconocido— llaman a este proceso efecto compuesto y cambios atómicos, respectivamente. Un elemento en común entre ambos es que no existe la posibilidad de transformarse de manera mágica, sino que los cambios son paulatinos, aunque constantes, y empiezan a notarse a partir de los seis meses; los logros más importantes llegan después de un año. Es difícil verlos antes, sólo piensa en el gimnasio: no hay forma de que consigas un cuerpo escultural por ver veinte videos en un solo día. Para lograrlo, tienes que modificar tus hábitos de alimentación, tus técnicas de ejercicio y tus rutinas diarias; es decir, tu forma de pensar. Comienzas con una caminata y terminas sonriendo frente al espejo.

Tu método

Piensa en un problema que te quite la tranquilidad, ya sea personal, profesional, familiar o de cualquier otro ámbito, y escríbelo aquí:

Problema
Personal:
Profesional:
Familiar:
Económico:

Ahora aplícale el método de Descartes que vimos al inicio del capítulo:

1. No aceptes como verdadero que ese problema es más grande que tú. Libérate de tus prejuicios y de las creencias negativas de las que ni siquiera tienes evidencia. Escribe aquí aquello que crees que te impide encontrar la solución y léelo cuantas veces sea necesario.

¿Qué es lo que no me permite encontrar la solución?

2. Divide el problema en sus partes, tantas como sea posible. Escríbelas aquí.

Problema	Problema	Problema

3. Resuelve cada una de esas pequeñas partes antes de abordar lo más complejo. Anota aquí tus soluciones.

Solución	Solución	Solución

4. Reúne todas las soluciones, asegurándote de no pasar nada por alto. Escribe aquí cómo te fue con este proceso.

¿Cómo te fue?

A título personal: casi irrompible

Como ya sabrás a estas alturas, mi primer paso por la industria metalmecánica duró cuatro años. Mi objetivo principal era aumentar las ventas de las rodajas, bases y mecanismos metálicos para sillas y sillones, que entre 1994 y 1995 eran muy populares (la prueba está en la enorme cantidad de comerciales de muy mal mal gusto que pasaban en la televisión). En esos años, Internet apenas comenzaba a masificarse; la humanidad empezaba a experimentar sus propios pequeños cambios constantes que, con el tiempo, transformarían al mundo. Si bien hoy en día tener wifi en casa es casi una obviedad, a mediados de los años noventa la conexión a la red por módem telefónico no era algo común, y aquel sonido de las computadoras marcando para conectarse con el mundo en una melodía cifrada era una especie de magia que nos hacía sentir parte de la modernidad.

De redes sociales, ni hablar; en ese entonces, Hotmail, Yahoo! e ICQ nos ofrecían mensajeros incipientes y forjaban el verbo "chatear", aunque a cambio de grandes facturas telefónicas. Quizá por eso las modas eran menos efímeras que ahora, pero el mundo estaba cambiando, y el mercado de las bases metálicas también.

Según una ley de vida, lo único seguro en la existencia es el cambio, y depende de nosotros aprender a adaptarnos

En la compañía en la que yo trabajaba fabricábamos mecanismos y bases irrompibles; ese era nuestro orgullo. Lástima que, desde Asia, una nueva tendencia en la industria terminó por quebrar esa vanidad. Habíamos heredado de los años ochenta la creencia de que todos los productos hechos en China eran de mala calidad, y los latinoamericanos, un poco (o un mucho) hijos de la propaganda estadounidense, lo creíamos todo sin detenernos a analizar que, muy probablemente, esa idea era producto de la publicidad surgida durante la Guerra Fría, que boicoteaba cualquier cosa proveniente de países comunistas. Pensábamos que un producto chino se rompería con facilidad, pero, oh, sorpresa: ese muro comenzaba a derrumbarse, junto con el de Berlín, que en 1991 terminó con muchos tabúes, y uno de ellos fue el uso del plástico.

Los pequeños cambios constantes son los que terminan provocando grandes revoluciones

En una maniobra para adaptarnos, integramos a nuestros productos las hoy ya clásicas rodajas de yoyo, hechas de plástico negro, y también comenzamos a importar los mecanismos y las bases elaborados con el mismo material.

Yo tenía buenas relaciones con los importadores de estas piezas, pues en ocasiones participábamos juntos en licitaciones. Sin embargo, la directiva de la empresa no estaba del todo de acuerdo, ya que su política era fabricar piezas casi tan irrompibles como la realidad que se avecinaba.

En 1996, el cambio fue aplastante. Las licitaciones gubernamentales comenzaron a exigir bases plásticas y, tras una breve transición, inició el reinado de los polímeros de hidrocarburo.

Durante los últimos cien años, la humanidad ha progresado más tecnológicamente que en todo el resto de su historia, al grado de que hemos estado a punto de devastar el planeta en un par de ocasiones (que sepamos). Por desgracia, este avance no siempre ha ido acompañado de una evolución en la forma de pensar.

Tomando como punto de partida esta anécdota, te diré que cuando estás dentro de una industria durante tantos años, es fundamental tener la mirada puesta también en el exterior, porque corres el riesgo de no percibir lo que sucede fuera, además de que los cambios constantes son esenciales, para que después las grandes transformaciones no nos tomen por sorpresa ni se sientan como un precipicio. En ese entonces, pues, las ventas caían y, en consecuencia, la producción disminuía. Preocupación. Había que rescatar esas bases y mecanismos irrompibles físicamente, pero ya no en el mercado. ¿Y sobre quién recae la presión en estos casos? Sobre el equipo de ventas: hay que traer dinero, mover el producto, salir a buscar clientes. No era que la gente no apreciara la calidad de nuestros artículos, simplemente la vida cambia. No había mucho que hacer. La decisión de transformar la empresa se tomó tiempo después; la línea de bases irrompibles, finalmente, se quebró.

> La realidad cambia de manera constante, y es necesario adaptarnos a ella y desapegarnos de nuestros viejos paradigmas

Ante todo esto, ¿cuál es el papel de la fuerza de ventas? Compensar las pérdidas y diseñar una estrategia con otros productos. Es fundamental recurrir a los conocimientos básicos; por eso, la gente de ventas, sobre todo en puestos clave dentro de una industria, debe estar preparada. Ser vendedor o vendedora va mucho más allá del carisma y el discurso persuasivo.

Un BlackSeller debe enfrentar el cambio, evolucionar, innovar, proponer, planear, analizar el mercado, conocer el perfil de sus clientes y un largo etcétera

En mi caso, ante este dilema, la solución fue elaborar un plan de marketing para reposicionar a la compañía como una empresa líder en el desplazamiento de materiales. Suena fácil, pero para llevar a cabo una tarea como ésta es indispensable realizar acciones concretas, y la primera fue clasificar nuestras líneas de productos por colores. Quizá pienses con cierto sarcasmo, querido lector: "Uy, qué idea tan brillante y elaborada...", y puede ser, pero a veces la solución más sencilla (ese pequeño cambio constante) es la que requiere mayor ingenio, porque en ocasiones los planes complejos cuestan más dinero y tiempo. Así que cada línea de color agrupaba una gama específica de capacidades de carga y modelos de rodajas, lo que facilitó el proceso de compra y aumentó las ventas. Antes, con el sistema tradicional, los clientes se perdían entre tantas especificaciones al momento de elegir: tenían que considerar el diámetro necesario, la pisada, el tipo de buje, el balero, el material, la capacidad de carga, la espiga, el espesor del metal, la sujeción y... como dice la frase popular: "¡Detengan al mundo, que me quiero bajar!".

Incluso para los vendedores era una pesadilla levantar un pedido. Con la idea de los colores, el cliente solo tenía que pedir, por ejemplo, la rodaja de 6 pulgadas de la línea azul.

A partir de esto, diseñamos un sistema de capacitación para que los distribuidores aprendieran sobre las nuevas líneas, lo cual también impulsó las ventas. Por último, pensamos en el consumidor final, como los carpinteros que fabrican muebles con rodajas, para quienes resultó mucho más sencillo tomar decisiones de compra gracias a un catálogo con fotografías y el sistema de colores. Por otro lado, nos acercamos a los compradores industriales, como los fabricantes de lavadoras, aspiradoras y refrigeradores, para quienes estimábamos compras y costos anuales.

Todo este esfuerzo nos llevó, en 1996, a conocer a uno de los principales fabricantes de rodajas alemanas, con quien, tras varios viajes y aprendizaje mutuo, nos convertimos en distribuidores en el mercado mexicano. Esta alianza llegó a representar el 40 por ciento de la facturación de la empresa.

En una relación sentimental, ejecutar un cambio positivo cada día construye una pareja sólida y duradera. Lo mismo sucede con cualquier aspecto de la vida; sin embargo, es importante no perder de vista que se requiere paciencia a gran escala.

Hacer un cambio para bien o para mal cuesta el mismo esfuerzo. Todo radica en tener claridad, en no boicotearnos y en trasladar esa paciencia a nosotros mismos. Si todos los días aportamos una moneda a nuestra alcancía de vida, cuando menos lo esperemos tendremos un ahorro considerable y nos habremos convertido en personas extraordinarias.

Hay quienes tienen obesidad mórbida, acuden con un charlatán que les da una pastilla y pierden peso en un mes; sí sucede, pero cuando dejan de tomar esos medicamentos —que suelen ser peligrosos para la salud— recuperan el peso perdido. Y es que el cambio fue tan brusco que no perdura: fácil viene y fácil se va.

¿Qué se necesita para lograr esos pequeños cambios? Espíritu, compromiso y las virtudes de las que hemos hablado.

Nada es tan simple, pero, a través de pequeños cambios constantes, puedes hacer que todo sea más fácil

Octadecágono de los Pequeños cambios constantes

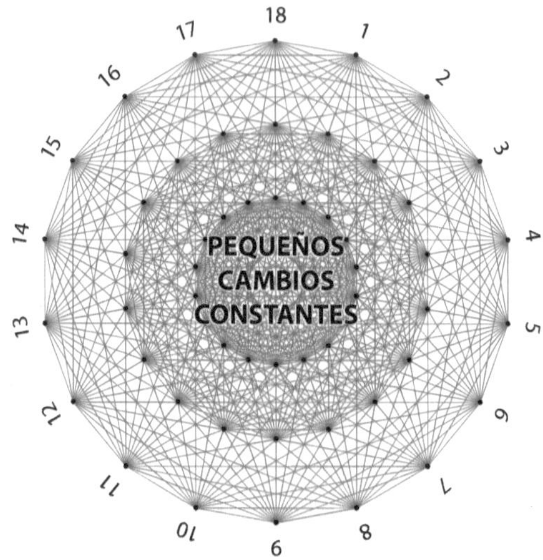

18 Efectos de los pequeños cambios constantes

1. Ajustas con intención
2. Ajustas tus hábitos
3. Ajustas tus mensajes
4. Cambias sin miedo
5. Celebras pequeñas victorias
6. Construyes tu éxito
7. Corriges micro fallas
8. Eliminas distracciones pequeñas
9. Evolucionas sin detenerte
10. Ganas seguridad progresiva
11. Incrementas tu efectividad
12. Mejoras tu *pitch*
13. Perseveras sin pausas
14. Potencias tu habilidades
15. Refinas tus cierres
16. Eres más flexible
17. Sumas experiencias diarias
18. Superas cada objeción

CAPÍTULO VIII

PRODUCTIVIDAD

Resultados, éxito, fracaso, dinero; todos estos conceptos pueden entenderse como manifestaciones de la productividad, es decir, aquello que surge de nuestros procesos, del esfuerzo, la disciplina, la visión, los cambios constantes y la capacidad de sistematizar. Todo tiene un origen, y en mi caso, la conciencia de ser productivo empezó a formarse en casa cuando era niño. Como ya he compartido, mi madre fue un pilar fundamental, no sólo en mi educación y crianza, sino también para inculcarme una estructura mental basada en la idea de que cualquier meta puede alcanzarse con preparación y estudio constante. De once hermanos, nueve logramos pasar por la universidad, lo cual representa un logro enorme si se considera que en aquel entonces apenas teníamos recursos suficientes para comer, mucho menos para costear libros, uniformes o colegiaturas, y aun así, todos aprendimos a trabajar y a construir una armadura que nos protegiera de caer en los vicios, el alcohol y las drogas, tentaciones muy presentes en la colonia precarizada de la Ciudad de México donde crecimos.

Gracias al ejemplo de mi madre, pudimos formarnos, avanzar, ganar confianza e incluso emprender, como ocurrió con la papelería familiar que hoy, después de más de cincuenta años, sigue en pie. Este recorrido confirma algo que nunca debemos perder de vista: la productividad, y como hemos hablado al referirnos a la Revolución Industrial y su impacto, ese periodo histórico marcó un cambio profundo en la forma de combinar el esfuerzo humano y los recursos disponibles para lograr grandes resultados.

Productividad es, en esencia, conseguir más con menos

Optimizar

Ya te he contado que mi carrera profesional se ha basado en la optimización de procesos dentro de plantas de producción. Para lograrlo, existen metodologías que nos ayudan a ser más productivos y que reconocen que las jornadas laborales deben incluir pausas para recuperar energía, y una de ellas es la técnica Pomodoro, desarrollada por el ingeniero informático italiano Francesco Cirillo a fines de los años ochenta. Esta técnica consiste en dividir las tareas en bloques de trabajo de veinticinco minutos, seguidos de cinco minutos de descanso, repitiendo este ciclo cuatro veces antes de hacer una pausa más larga, de unos treinta minutos. Es algo que también vemos al conducir: muchos autos hoy incorporan sistemas que, tras tres horas de manejo continuo, emiten alertas para recordarte que el cansancio puede hacerte perder la concentración, y por eso te invito a analizar tus rutinas y definir tiempos de recuperación y esparcimiento, que no tienen que ser extensos, pero sí necesarios para retomar el enfoque. Parte del arte de ser productivo o productiva reside en, aunque parezca contradictorio, saber relajarse. Reflexiona sobre cómo gestionas tus recursos: no sólo el dinero, sino también tu tiempo, tu descanso, tu salud y tu energía física.

Un BlackSeller, o una BlackSeller, entiende que, con preparación, planeación, sistematización y un método adecuado, cada recurso rinde al máximo. Así, cualquier resultado positivo se multiplica, se convierte en un éxito constante y recibe un nombre claro: productividad. Y esta productividad, más allá de los números, alimenta el alma y motiva.

Eficacia

Con el paso del tiempo y la evolución de la tecnología, surgieron también nuevas formas de pensamiento ligadas a la productividad, como la eficacia, que implica alcanzar los resultados en el menor tiempo posible, sin importar demasiado el costo. La Real Academia Española define la eficacia como la "capacidad de lograr el efecto que se desea o se espera". Pero hagamos una pausa para retomar algo esencial: de nada sirve tener la fe más grande en que todo saldrá bien, la mejor actitud o los sueños más inspiradores acompañados de buenas intenciones, si no hay acciones concretas, preparación, planes claros y trabajo constante.

La eficacia no consiste sólo en esperar lo mejor, sino en tener la capacidad real de lograrlo. Y eso se alcanza cuando ponemos en acción nuestras virtudes, perfeccionamos nuestros talentos y desarrollamos nuevas habilidades, de manera que la experiencia y el aprendizaje se transformen en éxito.

Eficiencia

Eficiencia y eficacia suelen usarse como sinónimos, pero en realidad no lo son. Tampoco son opuestos; más bien, se complementan y forman parte de ese concepto de productividad que buscamos alcanzar.

Eficiencia	Eficacia
Capacidad de lograr un objetivo utilizando la menor cantidad posible de recursos.	Capacidad de alcanzar el resultado deseado.

"No"

Seamos sinceros: no sabemos decir que no. Nos invitan a cenar, aunque al día siguiente tengamos que madrugar para dar una conferencia o asistir a una junta importante, y aun así preferimos salir. Nos piden dinero prestado que ya teníamos destinado a otro compromiso, pero por no saber negarnos, lo entregamos, sacrificando nuestra tranquilidad; en el caso de las mujeres, terminan dejando a un lado sus metas y anhelos, por no poder decir "no" a los seres a su alrededor. Por desgracia, esto ocurre todos los días, por eso, es fundamental comprender la importancia de aprender a decir que no. Me atrevo a afirmar que, en ocasiones, es más valioso saber rechazar una propuesta que generarla; si alguien te solicita una reunión urgente, pero tú ya tienes planeado un almuerzo con tu hijo, y decides cancelar ese momento familiar por atender un tema laboral, estás traicionando tu disciplina y tu capacidad de sistematizar prioridades, y eso impacta tu productividad, ¿por qué?, pues porque ese compromiso personal tiene el mismo peso que una junta sobre presupuesto.

Es cierto que siempre habrá imprevistos en la rutina, pero cuando somos dueños o dueñas de nuestro tiempo, podemos enfrentarlos con más facilidad. Si desarrollas la habilidad de decir que no y logras prescindir de esa necesidad de estar en todas partes o de participar en todo —eso que los estadounidenses llaman Fear Of Missing Out, o FOMO— podrás valorar y aprovechar mucho mejor tu tiempo, que como ya hemos dicho, es un recurso invaluable.

Cuando aprendemos a decir que no, ganamos tiempo y, sobre todo, energía; nos volvemos más eficientes. Lo esencial está en saber elegir qué hacer y qué dejar de hacer, y cuando se adquiere esa capacidad, la productividad crece de manera notable.

Atención dispersa

Vivimos en una época en la que el tiempo parece correr más rápido; no porque hayan cambiado las leyes de la física, sino porque la cultura actual está dominada por lo efímero. Las redes sociales exigen textos breves y videos cada vez más cortos y explícitos, diseñados para retener la atención unos segundos antes de que se disperse.

Los medios de comunicación también se han transformado: hoy las plataformas de streaming nos bombardean con un flujo constante de contenidos que se olvidan pronto, reemplazados por unos más nuevos. Estamos, en definitiva, rodeados de distractores.

Existen diversas herramientas para reducir esa distracción, y una de las más eficaces es la simplificación, estrechamente vinculada al concepto de minimalismo. Esta idea surgió en la arquitectura, basada en reducir una obra a lo esencial, y quedó plasmada en la frase célebre del arquitecto Ludwig Mies van der Rohe: "menos es más". Este enfoque consiste en comprender cómo puedes vivir con sólo lo necesario y disfrutarlo plenamente, de tal suerte que aprender a ser minimalista es crear el espacio suficiente para albergar lo que realmente importa. Por ejemplo, si en tu computadora mantienes únicamente los programas indispensables para tu trabajo, evitarás distracciones que te alejen de tus objetivos. Y este es, sin duda, un factor clave para incrementar la productividad.

> Nuestra atención se convierte en víctima del constante bombardeo de estímulos externos, lo que hace cada vez más difícil concentrarse en un solo objetivo. En este entorno, la mente tiende a dispersarse con facilidad, y por eso la disciplina se vuelve más necesaria que nunca.

David Allen y Mike Michalowicz

El consultor e instructor de productividad David Allen, creador del método Getting Things Done, subraya la importancia de capturar todas las tareas, ideas y compromisos en un sistema confiable fuera de la mente. Esto puede lograrse mediante una lista de pendientes o herramientas digitales. Una vez recopilada la información, es esencial procesarla de forma sistemática: revisar cada elemento y decidir si debe ejecutarse de inmediato, delegarse, programarse para más adelante o simplemente descartarse.

Allen también señala que mantener un entorno de trabajo ordenado ayuda a reducir distracciones. Evitar la vaguedad y ser claro en la definición de cada tarea elimina resistencia interna y facilita la acción. Además, recomienda dividir los proyectos en pasos pequeños y manejables (algo que nos recuerda a Descartes) para disminuir la sensación de saturación y avanzar de manera constante hacia los objetivos. Por último, propone realizar revisiones periódicas de todo el sistema, de modo que las tareas se mantengan actualizadas y correctamente priorizadas.

Por otro lado, el emprendedor y conferencista Mike Michalowicz escribió uno de los libros de negocios más prácticos y aplicables para aumentar la productividad: *El gran plan* (*The Pumpkin Plan: A Simple Strategy to Grow a Remarkable Business in Any Field*). En esta obra enseña cómo eliminar las "calabazas pequeñas", es decir, enfocar los recursos, el tiempo y los esfuerzos en los clientes más valiosos, al tiempo que ofrece criterios claros para distinguir qué es grande o pequeño y explica que algunos clientes menores pueden transformarse en grandes con el desarrollo adecuado. En definitiva, identificar qué tiene mayor peso y valor en tu día a día, y concentrar tu energía en esas prioridades, es un componente esencial de la fórmula para alcanzar el éxito en cualquier proyecto.

¿Y en las ventas?

Para ilustrar con mayor claridad estas ideas, pensemos en mi negocio, donde mi especialidad es el área de operaciones y, en particular, el control de inventarios. Si busco que el inventario sea más eficiente, menos costoso y completamente rentable, ¿qué pasos puedo seguir? Primero, debo analizar cuántos productos hay en el almacén, qué artículos integran el catálogo y cómo puedo organizarlos con criterios más innovadores, y una vez hecho este análisis, una acción podría consistir en retirar aquellas líneas de producto que no se han movido en los últimos tres años, para redirigir recursos a mantener suficiente inventario de los artículos con mayor rotación mensual. Con ello, podré diseñar un esquema de inventario que no sólo considere la rotación, sino también el costo de adquisición, de tal forma que sea posible determinar cuáles productos implican una mayor inversión y cuáles una menor, pensando que el inventario que permanezca en el almacén deberá ser aquel que genere menos costo; además, será clave considerar el tiempo de entrega, pues si no tengo disponible el inventario con ciclos largos de reposición, correré el riesgo de dejar al cliente sin abastecimiento.

Este es un ejemplo concreto de cómo aplicar estos conceptos de productividad en un área específica.

Sin embargo, este enfoque también puede trasladarse al ámbito personal. ¿Qué es lo que realmente me hace crecer? ¿Qué actividades contribuyen más a mi bienestar? Entre todo lo que hago, ¿qué merece prioridad en mi vida? ¿Qué me genera mejores resultados? La ley de la productividad radica, ante todo, en reconocer que algunas cosas son más relevantes que otras, que es necesario enfocar la atención en los clientes que aportan más valor, en los productos que generarán mayor facturación y en las acciones que tienen un impacto más significativo. Todo esto debe basarse siempre en un criterio claro que justifique y sustente el porqué de cada decisión.

Para este tipo de decisiones existen herramientas como la matriz de Eisenhower, un recurso de gestión de tareas que permite organizar y priorizar actividades clasificándolas entre asuntos urgentes e importantes, así como aquellos que no son ni urgentes ni importantes. Esta matriz te ayuda a dividir tus pendientes en cuatro cuadrantes: qué debes hacer de inmediato, qué puedes programar para más tarde, qué es conveniente delegar y qué deberías eliminar. Este enfoque incluso puede servir para responder esas preguntas cotidianas de nuestros hijos, por ejemplo: "de todo lo que me dijiste, papá, mamá, ¿qué hago primero: ¿tiendo mi cama, acomodo mis libros o desayuno?". Podrías contestar: "A ver, hijo, piensa. Es muy importante que desayunes porque te vas a ir a la escuela, y además es urgente porque sales en media hora. Tender tu cama es importante, pero no urgente. Lo mismo con tus libros, aunque recuerda que tienes examen en unos días". Estas situaciones tan comunes, cuando se resuelven con un criterio claro, nos ayudan a tener mayor productividad, no sólo en el trabajo, sino en muchos aspectos de nuestra vida.

Comencemos a organizarnos

Reflexiona sobre algún área en la que te gustaría incrementar tu productividad; puede ser cualquiera, sin importar si te parece algo sencillo. Anótalo aquí:

Área en mi vida que requiere aumentar mi productividad:

Ahora, en lugar de pensar en diez, identifica dieciocho acciones —siguiendo el enfoque de la Filosofía 360— que puedas aplicar para mejorar tu productividad en ese ámbito de tu vida.

Intenta ordenarlas de mayor a menor importancia. Anótalas aquí junto con la razón por la que consideras que cada una es la más adecuada.

Acción	¿Por qué es importante?
1.-	
2.-	
3.-	
4.-	
5.-	
6.-	
7.-	
8.-	
9.-	
10.-	
11.-	
12.-	
13.-	
14.-	
15.-	
16.-	
17.-	
18.-	

Ahora que has descrito por qué cada una de estas acciones es importante, revísalas nuevamente y selecciona las tres que puedas llevar a cabo con menos recursos, pero que te ofrezcan el mayor beneficio.

Acciones con menores recursos que me puedan dar mayor rédito:

Con esta información, planifica tu agenda de manera que priorices aquellas acciones y actividades que realmente te ayuden a ser más productivo.

Todo lo sabemos entre todos

Un aspecto clave para ser productivo es comprender que no basta con lo que ya sabemos. Es común desear convertirse en mejor líder, directivo o colaborador, pero también es común la resistencia a aprender cosas nuevas, por lo que es importante tener presente que el mundo no funciona igual que hace veinte años: las nuevas generaciones piensan, se relacionan y se comprometen de formas distintas, y consecuentemente, para seguir siendo competitivo hoy, es indispensable comprender y aplicar conceptos innovadores, vanguardistas, proactivos y prácticos, y mantenernos al día sobre lo que ocurre a nuestro alrededor. Si quieres ser más eficiente, necesitas aprender a usar, por mencionar sólo un ejemplo, la inteligencia artificial, y si tu meta es aumentar tu productividad, es fundamental incorporar nuevas herramientas de administración de recursos, gestión de equipos y metodologías que te permitan reducir pasos y aprovechar mejor tu tiempo.

De la misma forma, considera que recibir mentoría, coaching o asesoramiento es un elemento esencial para incrementar tu productividad, pues cuando participas en un proceso de transferencia de conocimiento, empiezas a realizar tus actividades de manera más práctica y efectiva. Las personas que se proponen ser más productivas pueden, como hemos visto en capítulos anteriores, encontrar toda clase de pretextos, si alguien te dice: "no tengo dinero para pagar", puedes responder con claridad: "en realidad, lo que te falta es imaginación y confianza para intentarlo", porque hay muchas personas, como yo, dispuestas a brindar apoyo sin esperar nada a cambio. Por eso, puedo decirte que buscar la ayuda de profesionales no siempre es una cuestión de recursos económicos. Además, compartir tus metas con tu equipo de trabajo también potencia tu productividad; quien no se comunica, quien no expresa lo que busca, difícilmente se compromete de verdad.

Si generamos un compromiso tanto personal como colectivo, nos veremos obligados, de manera individual y en equipo, a cumplir con lo que nos proponemos, así que hablemos con las personas a nuestro alrededor, expresemos cada día nuestra intención de ser más productivos y más eficientes. Enfocarnos en lo que realmente tiene valor, dedicar nuestro esfuerzo a esas acciones que valen la pena y evitar distracciones innecesarias puede transformar todo nuestro entorno en un espacio mucho más eficiente.

Pareto

Si dividiera mi vida en tres periodos formativos, cada uno de aproximadamente veinte años, te diría que fue durante mis primeros veinte, especialmente mientras estudiaba Ingeniería Industrial, cuando aprendí sobre la productividad y descubrí la regla del 80-20. Este principio, conocido como el Principio de Pareto, se originó al analizar la distribución de la tierra en Italia a inicios del siglo XX y sostiene que "el ochenta por ciento de los efectos proviene del veinte por ciento de las causas", y tiene un rango de aplicaciones muy amplio, desde la economía y la administración hasta el control de calidad. Para los fines de este libro, podemos interpretarlo de manera más simple: de diez cosas que haces cada día, dos son las que generan la mayoría de tus resultados. Por ejemplo, de diez productos que comercializas, sólo dos suelen aportar el ochenta por ciento de tu facturación.

En esta primera etapa de mi vida también comprendí el proceso que hoy me permite evaluar mi productividad considerando productos, insumos y resultados mediante fórmulas precisas que aplico para analizar mi día a día, sin embargo, fue en el punto más activo de mi carrera, alrededor de los treinta años, cuando empecé a usar con mayor frecuencia esta ley de productividad y a aplicarla en todos los ámbitos: desde la planeación de mi agenda para decidir qué clientes visitar hasta la estrategia para impulsar determinados productos. Como ejecutivo, necesitaba determinar a qué cliente dedicar más tiempo o, en términos más generales, qué acción tenía mayor relevancia dentro de mis actividades. Estamos acostumbrados a escuchar que todos los clientes son importantes, pero uno de los objetivos de este libro es invitarte a pensar de manera diferente, a romper paradigmas y cuestionar conceptos que damos por sentados, con el fin de mejorar en todas las áreas de tu vida. Por eso, debemos reconocer que todas las personas son valiosas como individuos, pero en términos del negocio no todos los clientes tienen el mismo peso: un cliente que representa el setenta por ciento de tu facturación, bajo cualquier criterio de análisis, es más rentable que otro que aporta sólo el uno por ciento.

Con base en mi formación profesional, mi experiencia y mi forma de pensar, considero que para un BlackSeller es fundamental dominar este concepto, ya que, al aplicarlo en sus esquemas de ejecución, puede alcanzar resultados extraordinarios.

La productividad en una persona se refiere a su capacidad para completar tareas o actividades dentro de un período de tiempo determinado, utilizando de manera eficiente los recursos disponibles y cumpliendo con los objetivos establecidos. En otras palabras, se mide tanto por la cantidad como por la calidad del trabajo realizado.

Diversos factores pueden influir en la productividad, entre ellos la motivación, la concentración, la organización, la gestión del tiempo, la habilidad para priorizar, el nivel de conocimiento y experiencia en una tarea, así como la capacidad para colaborar eficazmente en equipo.

A título personal: Pareto y la productividad

Terminé la carrera de Ingeniería, y como buen ingeniero, la productividad se volvió parte de mi ADN; en mi mente quedó grabada la importancia de aplicar un análisis basado en la Ley de Pareto a cualquier actividad. Vale la pena recordar que Pareto nació el 15 de julio de 1848 en París, que a pesar de ser francés realizó sus estudios de Ingeniería en Italia y que, además de ser un profesional talentoso, también fue un visionario; pronto se convirtió en administrador de una destacada compañía ferroviaria y más tarde en superintendente de minas de hierro en la Toscana. No obstante, su interés no se limitó a la industria, pues también participó activamente en la vida política y económica de la élite.

Imaginemos al joven Pareto sentado, tomando un café en Florencia, mientras contempla la magnífica arquitectura renacentista que se despliega ante sus ojos. Allí, leyendo un texto que lo marcaría para siempre —el artículo Elementi di economia pura, de Maffeo Pantaleoni—, sus neuronas debieron encenderse al absorber aquellos conceptos de especulación abstracta.

Cuando empecé a ejercer mi flamante título de ingeniero industrial, comencé a aplicar el pensamiento de Pareto. Aunque este principio tiene más de un siglo de antigüedad, conserva la capacidad de provocar una auténtica revolución en la mente de quien lo descubre por primera vez.

Albert Einstein decía que una definición precisa de locura es creer que se pueden obtener resultados diferentes haciendo siempre lo mismo. Y tenía razón. Comprendí desde entonces que, para ser más productivo, debía abandonar la locura de la monotonía y, al igual que Pareto, volverme un poco —o quizás mucho— revolucionario. Pareto no sólo descubrió una nueva forma de pensar; también entendió que todas esas ideas que bullían en su mente debían llevarse a la práctica para generar mayor productividad en cualquier actividad.

Así, Pareto decidió dejarlo todo para concentrarse en perfeccionar sus ideas y darles un sustento científico, lo que más tarde se conocería como Economía matemática. Fue entonces cuando el mundo vio nacer la Teoría del equilibrio económico. Su *Manual de economía política* y el *Tratado de sociología* plasmaron conceptos que transformarían para siempre la manera de producir.

Yo también empecé a aplicar estos conceptos para centrar mi atención en las actividades más importantes de mi día a día. En ese entonces, como ya te conté al principio del libro, mi trabajo consistía en evaluar de manera continua los tiempos y movimientos de los procesos de impresión offset. Mi tarea era analizar cómo optimizar los tiempos de producción y mejorar la calidad de la impresión, así como todas las actividades que realizaban los operadores.

Aunque tareas como la colocación del papel, la revisión de registros y el desarrollo del proceso eran relevantes, lo más crucial era la limpieza de la máquina, y curiosamente, era la actividad a la que se destinaba menos tiempo, a pesar de que, si se hacía de manera deficiente, podía poner en riesgo toda la productividad de la empresa. Ahí encontré mi primera oportunidad para hacer más eficiente la operación. Quizá no con la sofisticación de Florencia, pero sí con la satisfacción de escuchar ese hermoso y estruendoso ruido de las imprentas funcionando a la perfección.

Las teorías de Pareto pueden sonar bastante complejas, como uno de sus axiomas más conocidos: las Curvas de indiferencia, que se definen como "un conjunto de puntos en el espacio de bienes —o conjuntos de bienes— ante los que el consumidor se siente indiferente. Cada punto de una curva de indiferencia genera la misma utilidad total que cualquier otro punto de esa misma curva", y así sucesivamente. Sin embargo, todo puede simplificarse en la Ley del 80/20, que espero que a estas alturas ya hayas interiorizado.

Cuando inicié mi carrera como vendedor y comencé a aplicar esta teoría de productividad, descubrí que, del cien por ciento de los clientes, no más de un veinte por ciento realizaba el ochenta por ciento de las compras, y por eso enfoqué mi tiempo y esfuerzo en esos consumidores clave. Lo mismo ocurría con los productos: de casi setenta modelos que ofrecía, entre diez y quince concentraban la mayor demanda y requerían más atención, y al identificar esta relación, pude mejorar de forma notable el abastecimiento hacia los clientes.

Hoy, tras más de 35 años como profesional, este enfoque de administración y ejecución sigue acompañándome. Lo utilizo para definir las actividades del día, organizar mi agenda personal y laboral, elegir alimentos, decidir en qué y cómo invertir, en fin, prácticamente en todo lo que hago. Podría decir que es una de las claves que me han permitido tener éxito en mis proyectos.

A veces me pregunto si Pareto pensaba en personas como tú o como yo y en cómo sus ideas transformarían tantas vidas. Quizá, en el fondo, sólo buscaba entenderse a sí mismo a través de su trabajo. Por ello, la próxima vez que visite Florencia, me sentaré frente a la catedral de Santa María del Fiore, brindaré por Pareto y por cómo cambió mi vida y, con suerte, también la tuya.

Octadecágono de la Productividad

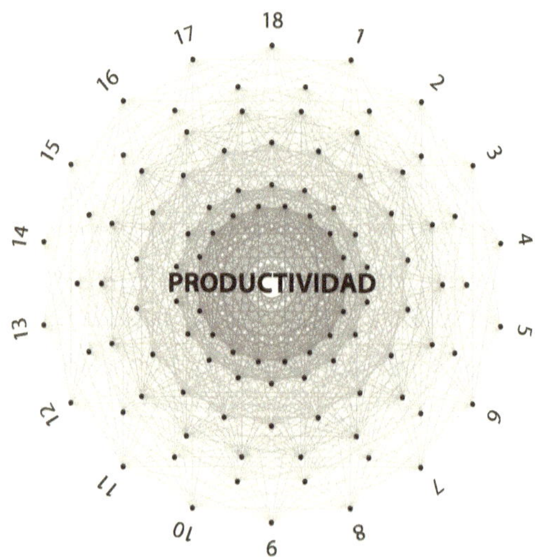

18 Efectos de productividad

1. Aprovechas cada hora
2. Automatizas lo repetido
3. Consigues resultados sostenibles
4. Controlas tu tiempo
5. Cumples más tareas
6. Ejecutas con enfoque
7. Ejecutas sin retrasos
8. Eliminas multitareas inútiles
9. Eliminas distracciones constantes
10. Te enfocas en impactar
11. Eres más efectivo
12. Mejoras tus procesos
13. Optimiza tus herramientas
14. Planificas con claridad
15. Priorizas lo importante
16. Reduces tus pendientes
17. Tomas acciones inmediatas
18. Empleas un calendario

EPÍLOGO

No tengo duda de que en estas páginas reuní los aspectos más representativos de mi camino: aprendizajes, caídas, formaciones y decisiones que me han llevado a construir una mejor versión de mí.

Te he hablado desde la experiencia real, pero también desde el conocimiento profesional, desde mis raíces en la Ingeniería Industrial, pasando por la Administración y una vida dedicada a entrenarme y a entrenar a otros. Todo con un solo objetivo: la mejora continua.

Si decides aplicar los ocho conceptos que te compartí en este libro, estoy convencido de que vas a transformar tus resultados, no únicamente en ventas, sino en cualquier área de tu vida donde decidas crecer; espero que cada palabra aquí escrita deje una señal clara de que todo se puede alcanzar. Este no es solo un libro, es un sistema de transformación.

Verás cambios en tu trabajo, en tu relación de pareja, en la forma en que te relacionas con tus hijos, con tus colegas y, sobre todo, en ti. Cuando tú cambias, cambia todo a tu alrededor.

Con voluntad puedes avanzar, con constancia puedes mantenerte y con preparación puedes convertir incluso la adversidad en tierra fértil para tus sueños.

Podrías cerrar este libro y decir que no era para ti. Esa decisión está en tus manos. Pero si algo dentro de ti se encendió mientras leías, si mis palabras resonaron contigo, aunque sea una vez, entonces te invito a seguir adelante, a ponerlas a prueba, a compartir este mensaje y este libro a quien lo necesite.

Porque el mundo no necesita sólo gente de ventas, te requiere a ti convertido en un BlackSeller.

—Alex Bobadilla

AGRADECIMIENTOS

Este libro es el resultado de la participación de invaluables personas que han estado cerca de mí en estos últimos años. Mi agradecimiento a Vero y a Conde por su tiempo y apoyo. Ningún camino de crecimiento real se recorre en solitario.

Cada página, cada idea, cada experiencia aquí compartida transmite lo que las personas que admiro han dejado en mí, herramientas con las cuales he logrado resultados extraordinarios.

Agradezco profundamente a mi esposa Ofe y a mis hijos Alex y Xime, quienes son mi inspiración de vida y a quienes sin duda alguna dedico cada acción que realizo día con día.

Un agradecimiento especial a mis hermanos y hermanas, ya que de cada uno de ellos no sólo recibí apoyo y educación, sino también un ejemplo de vida; sin dejar de mencionar a mis sobrinos que están muy cerca de mí. Como bien dice Jim Rhon, somos producto de quienes nos rodean.

Y gracias también a cada uno de mis amigos con los que he vivido retos, caídas y lecciones de vida: de ustedes nacen muchas de las reflexiones que aquí comparto.

Y finalmente, un agradecimiento profundo y con el corazón en mis manos para esos dos grandes seres que me dieron la vida, educación, principios y valores, mis padres, especialmente a mi mamá, quien de forma intuitiva me dio las bases para ser una persona imparable.

A todos ustedes, gracias por ser parte de mi historia. Este libro también es suyo.

—Alex Bobadilla

Y, muy pronto, del mismo autor:

PINKSELLER

Si llegaste hasta este libro, seguramente es porque estás interesada en convertirte en una gran vendedora, porque eres alguien que tiene claras sus metas y está buscando la mejor forma de alcanzarlas o porque estás cansada de toparte con obstáculos y quieres alguna orientación sobre cómo superarlos de la mejor manera. O tal vez todas las anteriores. No importa: el caso es que llegaste aquí, y estás lista para que emprendamos juntos esta nueva aventura.

Este libro se construyó sobre un diálogo, sobre una serie de conversaciones que yo, que soy experto en ventas y tengo varias décadas asesorando empresas, he sostenido con una escritora dedicada a construir universos donde las niñas y las mujeres tienen la posibilidad de construirse destinos distintos de los que les han sido impuestos. De ahí han salido reflexiones, propuestas y métodos que compartiremos contigo, y que si sigues de manera honesta y consciente, te ayudarán a cumplir tus metas y a convertirte en una mejor vendedora, en una mujer dueña de sí, con más agencia, más autonomía y, ¿por qué no decirlo?, mayor poder.

El poder y las mujeres, aunque de pronto lo parezca, no son elementos ajenos; es más, en el mundo, son cada vez más las mujeres que llegan a puestos de poder. Esta es una realidad, innegable sobre todo en un país que acaba de elegir a su primera presidenta y sí, se ha hecho mucho más común que antes escuchar de mujeres en puestos directivos, en posiciones críticas para el avance de sus empresas, en enclaves estratégicos para la toma de decisiones y la conducción de la política mundial.

Sin embargo, no es cosa de decir que se ha alcanzado una equidad absoluta o que han desaparecido aquellos problemas de desigualdad que para quienes nos formamos a finales del siglo pasado eran el pan nuestro de cada día; eso sería no querer ver la realidad: hombres y mujeres existimos todavía en espacios distintos, todavía se espera de nosotros que cumplamos roles diferentes y siguen existiendo desigualdades salariales y de oportunidades que merecen tomarse en cuenta.

Es más, me atrevería a decir que hoy por hoy de las mujeres se espera muchísimo. Que sean madres, hermanas, esposas, cuidadoras, y que al mismo tiempo sean cabeza de familia y el sostén principal de su casa; que sean profesionistas, pero también amas de casa; que sepan llevar empresas y cocinar, y que se conformen con ganar menos y con tener menos acceso a ascensos y promociones. Como seguramente lo sabes si ya llegaste a este libro, la sociedad les pide todo, y les da muy poco a cambio.

Te invito a que hagamos nuestra parte para cambiar eso. Te invito a que juntos vayamos descubriendo lo que sabemos, y lo que nos falta por aprender. Porque si bien tengo muchos años dedicándome a colaborar con y a capacitar equipos de ventas, y durante ese tiempo, inclusive me he visto en la situación de "reportarle", como se dice en el medio, a una mujer (en cierta ocasión, hasta a una CEO), siempre había dado por hecho que el proceso de preparación y de actualización de una mujer podía plantearse en términos iguales a los de un hombre; mis libros, creía yo, mis cursos son para cualquiera que quiera tomarlos y aprovecharlos, su género, la forma en que se perciba, no importan. Y desde luego que es un poco así, pero no tanto; hay ciertos matices, ciertas diferencias que pueden apuntarse para que una mujer se sienta escuchada, mirada, comprendida. No desde la condescendencia ni desde el famoso *mansplaining*, sino desde la compresión y la solidaridad.

Yo, lo he dicho muchas veces y lo repito siempre que puedo, le debo todo a mi madre. A que nos educó a mis hermanos y a mí en la creencia de que se esperaba mucho de nosotros, porque podíamos mucho. Nunca nos dejó rendirnos, como ella nunca se rindió. En honor a ella, me siento a escribir este libro y dejar por escrito estas reflexiones. Para que muchas mujeres como ella se sientan aludidas y encuentren en mí a un aliado y, en mis palabras, una serie de herramientas para convertirse en mejores vendedoras, en personas más sanas y más felices. En la mejor versión de sí mismas. ¿Vamos?

www.ingramcontent.com/pod-product-compliance
Lightning Source LLC
LaVergne TN
LVHW060116051026
849517LV00007B/2324
9789709688818